価値論の再建

——第三次産業論構築のために——

土 井 日 出 夫 著

創 風 社

目　次

序　章 ……………………………………………………………… 9
　第1節　価値論の崩壊 ………………………………………… 9
　第2節　崩壊に至った2つの原因 ………………………… 10
　第3節　価値論「再建」の必要性 ………………………… 13
　第4節　価値論「再建」の展望 …………………………… 15

第1章　「使用価値一般」の捨象について ……………… 21
　は じ め に ……………………………………………………… 23
　第1節　松石勝彦氏の新解釈とその問題点 ……………… 24
　第2節　「価値実体導出」の論理構造 …………………… 30
　第3節　価値の「内在性」と「積分」 …………………… 40
　お わ り に ……………………………………………………… 44

第2章　「還元問題」への一視角 ………………………… 51
　　　　　──「現象形態」としての「複雑労働」──
　第1節　は じ め に …………………………………………… 53
　第2節　「複雑労働力」の「価値」を重視する見解 …… 54
　第3節　「商品交換と労働の相互規定関係」を重視する見解 …… 57
　第4節　還元率の「実証的導出」の試み ………………… 61
　　　　　──泉弘志氏の所説をめぐって──
　第5節　複雑労働による単純労働の「表現」 …………… 63
　　　　　──「現象形態」としての複雑労働──
　第6節　むすびにかえて …………………………………… 67

第3章　形態Ⅱから形態Ⅲへの移行について…………………71
　　　　──「結合」＋「逆転」としての再解釈の試み──

　はじめに……………………………………………………………73
　第1節　従来の諸説の検討………………………………………74
　第2節　「逆転」に至る前段階としての「結合」プロセスの
　　　　　導入………………………………………………………85
　第3節　貨幣形態への移行………………………………………91
　おわりに……………………………………………………………95

第4章　「商品は貨幣である」の解釈について…………………99
　はじめに…………………………………………………………101
　第1節　「交換過程」章における商品と貨幣…………………102
　第2節　「貨幣の価値形態としての商品」と貨幣理論………109
　第3節　「どのようにして，なぜ，なにによって」の
　　　　　意味について…………………………………………119
　おわりに…………………………………………………………121

第5章　サービス業の販売対象について………………………129
　はじめに…………………………………………………………131
　第1節　サービス業の販売対象についてのこれまでの
　　　　　代表的見解……………………………………………131
　第2節　「価値の自立化」と生産資本…………………………136
　第3節　サービスとしての生産資本の売買と所有権の移転………140
　第4節　「主要な労働対象の所有」と生産関係の変化………146
　おわりに──まとめに代えて──……………………………151

第6章　転形問題と回転時間……………………………………157
　　　　──運輸部門と回転時間の短縮──

　はじめに…………………………………………………………159
　第1節　通説化した見解による剰余価値縮小の容認…………159

目　次　5

第2節　流通時間の短縮による節約………………………………163

第3節　再生産表式に埋め込まれた運輸資本…………………167

第4節　「流通時間の短縮による投下資本の節約」と
　　　　転形問題………………………………………………………171

第5節　残された問題………………………………………………175

お わ り に──まとめに代えて──…………………………………177

第7章　商業資本論に関するエンゲルスの
　　　　「書き換え」について………………………………………181

は じ め に……………………………………………………………183

第1節　マルクス草稿の「生産過程の総体もしくは
　　　　再生産過程」が，エンゲルスによって「再
　　　　生産の総過程」に書き換えられた点について……………184

第2節　マルクス草稿にあった「諸商品の価値の増大は，
　　　　ここでは，労働生産力の減少の結果からくるそ
　　　　れと同様に，利益を生まない。」の，エンゲルス
　　　　による削除について……………………………………………186

第3節　マルクス草稿における商品買取資本「G」と
　　　　商業可変資本「ΔG」が，エンゲルスによって
　　　　「B」と「b」に書き換えられた点について……………189

第4節　マルクス草稿の「100の資本二つに等しい
　　　　200の商品を，200 + 20 = 220で買う」が，
　　　　エンゲルスによって「100での2回の操作，
　　　　すなわち200の操作を行って，商品を200 +
　　　　20 = 220で買う」に書き換えられた点に
　　　　ついて…………………………………………………………193

第5節　マルクスの草稿にはあった，「商人資本の回転」
　　　　冒頭部分の「商業利潤と，消費された資本の
　　　　補塡分に等しい追加分」が，エンゲルスによって
　　　　削除された点について…………………………………………195

6

結びに代えて──「無形資産論」の可能性──……………………………198

第8章　絶対地代と価値法則…………………………………………201
　　　　──集計方法の相違による価値と生産価格の区別に
　　　　関連して──

は じ め に ──課題の限定──…………………………………………203

第1節　マルクスの絶対地代論に対する批判………………………204
　　　　──ボルトキェヴィッチ，大内力，日高普，根岸隆諸氏の
　　　　批判について──

第2節　2つの集計方法……………………………………………………208
　　　　──リーマン積分とルベーグ積分──

第3節　集計方法の相違に基づく反批判……………………………214

ま と め…………………………………………………………………221

あ と が き………………………………………………………………227

初 出 一 覧……………………………………………………………229

価値論の再建
──第三次産業論構築のために──

序　章

第1節　価値論の崩壊

　現在，日本のほとんどの大学の経済学部からマルクス経済学の経済原論が消えたこと1つをとってみても，マルクス経済学は危機に瀕しているといってよい。もちろん，その原因として，ソ連の崩壊とグローバルな市場経済化があることは否定できないが，筆者にして言わせてもらえば，より内在的な要因が存在する。それは価値論の崩壊である。

　そうはいっても，日本には，置塩信男以来，労働価値論を数理モデルによって現代化してきた伝統があるではないか。あるいは，その独創的な流通形態論と生活手段買戻し論によってマルクス価値論を組み替えた，宇野弘蔵の価値論があるではないか。さらには，当事主体と分析主体を分けるという独特の物象化論理解をもとに，価値論に新風をもたらした広松渉の価値論もあるではないか，といった声が，すぐにも聞こえてきそうである。

　しかし，置塩を嚆矢とする数理マルクス経済学は，価格概念と労働概念があれば価値概念がなくても成立するのである[1]。そこに真の価値論があるということはできない[2]。また，宇野の価値論は，マルクスにおける古典派の残滓を除去しようとするあまり，マルクスが古典派から肯定的に引き継いだ投下労働価値説の枠組みを放逐し，その穴を，新古典派に近い均衡論で埋めている[3]。それを価値論ということはできても，本来の労働価値論ということはできない[4]。では広松理論はどうかといえば，それは商品論から一歩も出られない「哲学の一種」に終わっており，そもそも経済学ではない。

　それならば，非宇野派で，数理モデルに頼らない価値論研究者はどうかといえば，ほとんどの場合，遠心力に身を任せ，スミスに戻ったり[5]，価格が価値を決める[6]としてみたりと，置塩学派や宇野学派より，さら

10

にマルクスから遠ざかってしまっている状況である。

　つまり，まとめるなら，日本のマルクス経済学の価値論研究は，労働価値論の「価値」概念を希薄化したグループと「労働」概念を希薄化したグループ，およびそのどちらにも与しえなかったグループの3つに分解し，「さらなる混迷（後述）」によって四分五裂したあげく，大小さまざまな小片の散乱状態となって現在に至っているということである。通常，世の中では，そうした事態のことを「崩壊」と呼ぶのではなかろうか。

第2節　崩壊に至った2つの原因

1　近代経済学からの批判に正面から反批判しなかった
　　マルクス経済学

　では，マルクス経済学の価値論が崩壊に至ったのはなぜだろうか。筆者の考えでは，それには2つの原因がある。1つは，マルクス価値論に対する近代経済学からの批判に対して，有効な反批判を行えず，結果的に正面からの反批判を避けたことであり，もう1つは，1970年代から顕在化する，経済のサービス化である。前者から説明しよう。

　どの学問分野であっても，同一の研究対象に対して複数の研究方法が併存し，論争状態になることはよくあるが，マルクス価値論についてはそうではなかった。複数の研究方法ではなく，否定（批判）と肯定（反批判）の2つの主張があったに過ぎない。肯定派すなわちマルクス擁護派が，事実上，その主張を取り下げて，事実認識に関わる理論的対立を，立場上の対立，すなわち方法論的対立にすり替えたのである。それが，客観的にみて，マルクス価値論の信用を大きく損ねたことは否定しようがない。具体的にみよう。

　まず，数理モデル派の泰斗，置塩信男は，マルクスの「総価値＝総生産価格，総剰余価値＝総利潤」という主張に対する近代経済学からの批判に対し，その批判をあっさり認め，そのうえで重要なのは「剰余価値（労働）＞0が，利潤＞0の必要十分条件である」か否かであるとし

て，論争そのものを再設定しようとした。しかし，問題となった主張は等式（＝）で述べられているのであって不等式（＞，＜）で述べられているわけではない。外からみれば，緒戦の敗北の結果，前線を後退させたと取られても致し方ないのである。

宇野弘蔵の価値論もまた，マルクスの価値実体導出の論理に対する近代経済学からの批判に対し，その批判をあっさり認めるところから出発する。宇野は，そもそも価値実体の導出を冒頭商品論で行おうとするのが間違いであって，剰余価値論冒頭の価値増殖過程論でなされるべきだとする。しかし，これでは，批判した近代経済学の側が納得できるはずもない。置塩の場合は，論争の前提である，マルクスの枠組みそのものを大きく変えたわけではないが，宇野の場合は，その枠組み自体を変えてしまうのだから，ルール違反というほかない。これは，外からみれば，前線を「後退」させたというより，前線から「離脱」したと言わざるをえないのである。

では，残った『資本論』墨守派はどうかといえば，宇野がマルクス価値論の「修正」に踏み出したことを，むしろ奇貨として，近代経済学への反批判をそっちのけにして，もっぱら宇野派批判に専念してしまったのである。これも外からみれば，外部との闘争の困難から，責任の擦り付け合いによる内部闘争が激化し，分裂を深めていったとしか受け取れないのである。以上で，筆者が，この，近代経済学への反批判の失敗を，マルクス価値論「崩壊」の原因と捉える理由が，ある程度明らかになったのではなかろうか。

次に，後者の，経済のサービス化が価値論崩壊に導いた経緯について述べよう。これは，先に書いた「さらなる混迷」の内容でもある。

2　サービス経済化と価値論の崩壊

アダム・スミスの『国富論』が，マニュファクチュアにおける分業から叙述を始めていることからもわかるように，資本主義を対象とした経済学の体系は，「製造業」を分析の中心に据えて発展してきたといってよい。そしてその限りでは，労働価値説が，経済学の少なくとも一角を

占める根拠があったといってよい。製造業が販売する商品が「労働生産物」であることは明らかであり，その商品の「価値を決める要因としてのコスト」が労働に還元しうるとしてもさほど無理はないからである。

しかし，製造業が経済の主軸だったのは，欧米では1970年代まで，少し遅れた日本でも1980年代までだった。21世紀の現在では，就業者に占める第三次産業の割合は，アメリカで80％，日本でも70％に達し，製造業の割合は10～20％に過ぎない。その現代の経済を研究対象とする経済学が，分析の中心を製造業以外に据えざるを得なくなったのは当然である。

ところが，マルクス経済学には，そのように分析の中心を移行させるうえで，固有の困難があった。マルクスによる価値の定義は「抽象的人間労働の対象化」であり，製造業のように，生産物という「物」に「対象化」しない第三次産業の労働は価値を生まないとみなされたからである。しかしそうなると，価値を生まないということは剰余価値も生まないということであり，剰余価値を生まないということは形を変えた剰余価値である利潤も生まないということだから，就業人口の7～8割を占める第三次産業の分析にマルクス経済学は使えないことになる。当然，マルクス経済学では，経済の全体像は掴めないと判断せざるを得ない。

さすがにそれは問題だということで，サービスも価値を生むとする反通説が生まれてきた。その反通説には，大きく，サービス労働は「有用効果」に対象化するとみなす説と，「労働力」に対象化するとみなす説とに分かれるが，前者には，生産と同時に消費される有用効果が，生産物であって生産過程ではないと言い切れるかといった問題が，また後者には，顧客の所有物である「労働力」に生じた変化を，それを所有していないサービス業者がどうして売れるのかといった問題が残り，広く受容されるには至っていない。この他にも，実に多様な提案がなされ，一時期のサービス論は百花斉放の状態となったが，決定打は何一つ生まれなかった。

業を煮やした一部の研究者は，「抽象的人間労働の対象化」というマルクスの価値規定から「対象化」を除くことを提案するに至った。そう

すれば対象化した状態にないサービスにも価値を付与できると考えたからである。しかしそれは，宇野理論とは別の意味で，投下労働価値説を放棄することを意味し，アダム・スミスの支配労働価値説への逆行か，ベイリー流の，相対主義的関係説に帰結した[7]。筆者のいう「さらなる混迷による四分五裂」とは，こうした事態のことである。

第3節　価値論「再建」の必要性

　もちろん，以上のような筆者の価値論理解に対して，置塩学派からは，不完全なマルクス価値論にこだわりすぎて，価値論がなくても説明できる，マルクスの偉大な功績，例えば，「搾取説」や「貧困化論」，「再生産表式論」などをかえって活かせなくしてしまうとの反論がありうるだろう。

　また，宇野学派からは，冒頭商品論の不合理な論理にこだわっていては，そこから価値概念を解き放ち，資本を「自己増殖する価値」と定義するという，マルクスの偉大な功績を現代に生かすことがかえってできなくなると反論されるだろう。

　さらに広松哲学の支持者は，物象化論がマルクスの経済学を通底していることはまぎれもない事実であって，物象化論を深化させた広松理論が経済学と無関係なわけがないと反論するかもしれない。

　しかし，置塩学派からの反論に答えるなら，搾取説は剰余「価値」すなわち「価値」の問題であるし，貧困化は自己増殖する「価値」である資本の，すなわち「価値」の蓄積の結果であり，再生産表式は社会的総資本の「価値」と素材の補填を扱ったモデルである。つまり，これらのマルクスの学説は，すべて，「価値」がなくては説明できないのである。

　また，宇野学派からの反論に答えると，価値の定義は「抽象的人間労働の対象化」だから，価値の実体である抽象的人間労働なしには，そもそも価値は定義できないのである[8]。マルクスが自ら認める「困難」にも拘わらず，あえて冒頭商品論で価値実体を導出したのはそのためである。宇野が述べるところの，実体を欠いた価値で定義された資本，すな

わち流通形態としての資本は，本来の，実体を伴った資本ではないのである。

　最後に，広松哲学からの反論についていえば，「物象化」という概念は『資本論』の貨幣章（第3章）にはあっても商品章（第一章）にはないことを指摘しておかねばならない。商品章にあるのは「物象化」ではなく「物神性」である[9]。マルクスの「物象化」概念は，「人格化」と対になった概念[10]だから，まだ「人格」が前面に出てこない商品章では扱えないのである。広松理論が第3章以降に進めないのは，このマルクスとの決定的相違がごまかせなくなってしまうからだと筆者は考えている。物象化論がマルクスの経済学を通底しているのは事実だが，その物象化論は，広松の物象化論ではないのである。

　これらの，置塩学派，宇野学派，広松哲学に以上のような問題があるとしても，それによって，彼らが強調するマルクスの偉大な功績が偉大でなくなるわけではない。それどころか，21世紀の経済を分析するうえで，それらはますます必要になってきているといってよい。長時間労働に伴う「搾取」や，非正規化に伴う「貧困化」については多言を要しないだろう。また，リーマンショックは，直接的には，「自己増殖する価値」である資本の過剰が，低所得層の住宅需要への無理な融資にはけ口を求めたことから説明するのが合理的であるし，東日本大震災後に起こったサプライチェーンの破断は，「再生産表式」を思い浮かべると理解しやすい。さらに，福島第一原発の事故は，人間が原発をコントロールするどころか，逆に原発に人間が振り回される事態，すなわち「物象の人格化」を明らかにした。

　しかも，よく考えてみると，リーマンショックは，実体経済，すなわち日々の「労働」から遊離した金融証券の破たんである。また，震災後のサプライチェーンの破断でまず心配されたのは，流通過程における商品の価格ではなく，生産過程にあって突然の遊休を余儀なくされた資本「価値」の破壊だった。さらに，原発事故で問題になったのは，「主体─客体関係」の転倒であって，分析主体と当事主体といった主体─主体関係ではなかった。

つまり，21世紀の現実が求めているのは，宇野，置塩，広松のソフィストケートされた理論ではなく，労働価値説に立脚したマルクス自身の骨太の理論だということである。その求めに応じるには，崩壊した価値論を「再建」するしかない。なぜなら，マルクス自身の経済理論は，すべて価値論を骨格にして構築されているからである。

第4節　価値論「再建」の展望

しかし，価値論を再建するには，その崩壊をもたらした2つの原因を克服しなくてはならない。そのようなことが可能だろうか。原因ごとに考えてみたい。

1　近代経済学からの批判に対する反批判の可能性について
——現代数学と「歴史」——

近代経済学からの批判には，大きく，マルクスの価値実体導出の論理（いわゆる蒸留法）が不合理だとの批判，複雑労働の単純労働への還元率は市場価格から導出するしかないので労働価値説は破綻しているとの批判，交換比率の基準を最終的に生産価格とするのは，交換比率を投下労働時間だとした当初の主張と自家撞着しているとの批判の3つに分かれる。ただ，最後の価値と生産価格の問題は，さらに，費用価格の生産価格化に伴う総計一致2命題の是非の問題と，そもそも価値と生産価格の2つの範疇がなぜ必要なのか，という問題に分かれるので，全体として4つあるとみてよい。

既存のマルクス経済学の論理でこれらの批判に対抗できないことは，論争史が示している。マルクスの論理を「補強」するこれまでにない論理が必要である。筆者は，それは現代数学から援用するしかないと考えている。その理由は大きく2つある。1つは，近代経済学を形作っている数学の論理は，基本的に18世紀までの数学の論理であって，19世紀以降の現代数学の論理ではないということである[11]。18世紀までの数学の論理に対抗するなら，19世紀以降の数学の論理を援用するに如く

16

はない。もう1つの理由は，現代数学が，不可逆的時間や，素粒子の生成といった歴史的変化を扱う道具を開発してきており，その限りで，マルクス経済学との親和性があることである。

価値実体導出の論理，価値と生産価格については，不可逆的時間を扱いうるルベーグ積分の論理[12]が，複雑労働の単純労働への還元については，素粒子の生成を扱いうるファイバーバンドルの論理[13]が援用しうると筆者は考えている。とはいえ，経済学に高度な現代数学をそのまま使えるはずもない。詳しくは本文に譲るが，現代数学の論理を経済学の論理に「翻案」したうえで「補強」に用いるということである。

2 サービス経済化への対応の可能性について
——現代数学と「論理」——

マルクス経済学のなかで，サービスの価値形成性を認める議論は大きく，サービス労働は有用効果に対象化するという説と，労働力に対象化するという説に分かれる。前者の主張を批判的に分析するには，冒頭商品論における価値論と，有用効果概念が展開される資本循環論との論理次元の相違が，明らかにされなくてはならない。また，後者の主張を同じく批判的に分析するには，サービスに対する所有権が，サービス業者にも消費者にもあるという二律背反的矛盾を解かなければならない。いずれも，求められているのは論理学的解決なのだが，サービス論争の帰結をみれば明らかなように，その解決をマルクスの文言に求めることは容易ではない。マルクス自身は体系的な論理学を残さなかったからである。

一方，現代の論理学の主流は数学的普遍性に支えられた数理論理学である。それは本来，徹底した形式論理であって，ヘーゲルからマルクスが継承した弁証法とは対極にある。ところが，その数理論理学にも，「矛盾」に正面から向き合う方法論が存在する。1つはラッセルの階型理論であり，もう1つはブラウアーの直観主義論理である。前者は，ラッセルが，自ら発見したパラドックスを解決するために，「階（rank）」が異なれば論理の「型（type）」も異なると主張したもの[14]であり，後者は

存在証明においては排中律（Aであって同時に非Aであることはない）を前提すべきでない場合があるとし，Aであって同時に非Aである場合もありうることを主張した[15]。

筆者は，冒頭商品論における価値論と資本循環論における価値論の論理次元の相違については，ラッセルの階型理論が，また，サービスの所有権をめぐる二律背反的矛盾については，直観主義論理が使えると考えている。

本書の構成

本書は，商品論から地代論に至る全8章からなるが，各章のはじめに，拙論の要点と「補強」の論理を，あらかじめ掲げることとした。筆者としては，本書を手に取って下さった方には，まずこの序文と各章の扉を眺めていただくことを望みたい。拙論もまた，価値論の崩壊によって散乱した小片の1つに過ぎないが，手に取った以上は全体をみてほしいからである。その結果，なにがしか惹かれるものを感じていただけたなら，これに過ぎる喜びはない。

注

1) たしかに置塩は，価値に相当する概念として，「生産財，消費財それぞれ1単位に対象化された抽象的人間労働，t_1，t_2」（置塩信雄『経済学はいま何を考えているか』大月書店，1993年6月，81ページ）を用いるが，「t_1，t_2の名数（次元のこと－筆者）はh/ton，h/lである」（同上，90ページ）とあるように，t_1，t_2の単位は産業部門ごとに異なっているのである。つまり，t_1，t_2に対象化されている労働は，実は，抽象的人間労働ではなく，具体的有用労働にすぎない。

　　置塩が，ベクトルや行列といった線型数学の手法を多用するのは，そうすることで，具体的有用労働のままでの計算が可能になるからである。

2) 1）で述べたように，置塩の「労働」概念が，具体的有用労働のレベルを大きく出るものではないとすれば，置塩経済学に真の価値論があるということはできない。具体的有用労働の対象化は，価値ではないからである。

3)「商品の価値は……需要供給の関係によって常に変動する価格をもって幾

度も繰り返される売買の内に，その価格の変動の中心をなす価値関係として社会的に確証される」（宇野弘蔵『経済原論』岩波全書，1964 年 5 月，31 ページ）。

4）宇野が誇る「労働者の賃金による生活手段の『買い戻し』」論にしても，同様のメカニズムは，労働者を地主に，賃金を地代に置き換えても成立する。つまり，「買い戻し」論を労働価値説と認めることはできない。

5）「諸商品の交換価値の直接的実体が，当該商品の投下労働ではなく，投下労働から乖離した支配労働だということである」（和田豊『価値の理論』桜井書店，2014 年 5 月，3 ページ）。

6）「価格がその再生産での価値を規程する」（大野節夫『社会経済学』大月書店，1998 年 9 月，36 ページ）。

7）「関係としての抽象的労働が実体化されるのは，商品の貨幣への転化によってである」（飯田和人『価値と資本』桜井書店，2017 年 9 月，22 ページ，「価値の大きさを規定する労働は……貨幣と交換されることによって抽象的労働として実現された労働であった。」（同上，46 ページ）。

　飯田氏の所説は，相対主義的関係説に強引に「実体」をもちこむことで，それを事実上の支配労働価値説に再構成した議論のように思われる。

8）「商品は，……その物的性質と関係なく，質的に一様で，単に量的に異なるに過ぎないという一面を有している。商品の価値とは，使用価値の異質性に対して，かかる同質性をいうのである」（宇野，前掲書，21 ページ）。

　しかし，商品の「同質性」は価値の現象であって本質ではない。そして本質をつかむことなしに物事を定義することはできない。

9）「商品の物神性」を論じたこの第四節を子細に調べてみても，そこには問題の概念，「物象化」は見当たらない」（山本広太郎『差異とマルクス』青木書店，1985 年 4 月，103 ページ）。

10）「マルクスの「物象化」は……人格化と対になって登場する」（同上，104 ページ）。

11）近代経済学で用いられる数学の基本は，微分法と連立方程式に尽きるのであり，いずれも 18 世紀までに完成している。19 世紀以降の現代数学の特徴は，それまでの数学の前提である，加減乗除，長さや面積や体積，空間そのものを問題にし，そうした前提の異なる世界の存在を明らかにしたことである。

12）「……ルベーグの貢献は，統計力学が暗黙裡に要請していた……ことがらが，実際に成立しており，……矛盾を含まないことを示した点にある」（ノー

バート・ウィーナー『サイバネティックス』池原止戈夫ほか訳，岩波書店，1962 年 10 月，57 ページ）。

13)「現在我々がゲージ理論と呼称するものは，……抽象的な空間に作用するもので……全体はファイバーバンドルと呼ばれている」「素粒子の標準模型は，……ゲージ理論なので……」（福山武志「ゲージ理論の誕生」，『ゲージ理論の発展』臨時別冊・数理科学，サイエンス社，2009 年 7 月，29 ページ，32 ページ）。

14)「ラッセルによれば，存在者はいくつもの階層，すなわちタイプ（型）に分かれている。……これは，個体，個体の属性，個体の属性の属性……という階層，あるいは個体，個体の集合，個体の集合の集合……という階層を設定することに相当する」（『哲学・思想事典』岩波書店，1998 年 3 月，1022 ページ）。

15)「直観主義の立場から見る時，論理学的排中律は，未解決の問題をすでに解決されたと見なす観点と同等であるから，無批判的に数学で用いてはならない」（同上，1093 ページ）。

第1章 「使用価値一般」の捨象について

拙論の要点
価値実体導出のさいに，使用価値が捨象されるのは，交換される商品の使用価値が異なっているからではなく，「使用価値も効用も，商品の内部には積み重ならない」からである。

「補強」の論理
「積み重なり」の論理。

第1章 「使用価値一般」の捨象について

は じ め に

『資本論』冒頭章，冒頭節におけるマルクスの価値実体導出の論理は，ベーム＝バヴェルク以来今日に至るまで，いわゆる「蒸留法」として様々な批判にさらされてきた[1]。

その批判の「原型」を与えたベーム＝バヴェルクは，マルクスの論証過程の一部，すなわち交換関係にある2商品から「使用価値」を捨象して「労働」を抽出する方法を批判し，「具体的な使用価値は捨象されても『使用価値一般』（＝効用）は残る」と主張した[2]。いわゆる労働価値説と効用価値説のもっとも鋭い衝突がここにみられるといってよい。

これに対するマルクス派の反批判としてヒルファディング以来もっとも有力だったのは，超歴史的，歴史貫通的な範疇である「使用価値一般」は，特殊歴史的な商品経済に内在する法則を説明する要因としては不適切であるとするものであった[3]。

しかし，この分析対象の特殊歴史性を強調した反批判の試みには重大な難点があったといってよい。それというのもこの反批判の論理では，「歴史貫通的だという理由で『使用価値一般』が捨象されるならば，同じ理由で『労働生産物という属性』も捨象されるべきではないか」という再反論に対抗できないからである[4]。

ここに至ってマルクス擁護派は『資本論』体系全体を修正・再編するか（宇野弘蔵は上記の難点に鋭く気づいたからこそ，歴史貫通的な「労働」を原論体系の冒頭から排除し，そこでの価値実体の導出そのものを放棄したのであった[5]），『資本論』冒頭節での価値実体導出を事実上否定することによって，大がかりな再解釈を行なうか[6]の二者択一を迫られてきたといっても過言ではない。

24

　だが，そもそもこの論争の経緯において，批判者も擁護者も，ほとんどすべての論者が前提してきた，「二商品モデル」に基づく「論理」，すなわち「2商品は使用価値が異なるからこそ交換されるのであり，従って使用価値は共通物たる価値実体たりえない」とする論理は，果してマルクス本来の論理であったといえるのであろうか。結論からいえばわれわれはこれに否定的である。

　以下，この点でわれわれと同様に「二商品モデル」のみに基づく旧来の解釈を批判し，独自の新解釈を示された松石勝彦氏の所説を手がかりに，それとも異なるわれわれの解釈を明らかにし，合わせてマルクスの論証をより鮮明にするためにわれわれが必要と考える「媒介項」を提示することとしたい。

第1節　松石勝彦氏の新解釈とその問題点

　マルクスの価値実体導出の論理についての「二商品モデル」のみに基づく解釈には，われわれのみるところ少なくとも3つの難点がある。それらは以下のように掲げることができる。

　①「二商品モデル」のみによる解釈では，マルクスが2商品の交換を直接論じる前に行なっている「一対多商品モデル」[7]に基づく議論の必要性が理解できない。

　②「二商品モデル」のみによる解釈では，2商品から直接に「使用価値」を捨象したことになっているが，マルクスの文章では2商品から直接に捨象したのは「自然的属性」であって「使用価値」ではない。

　③「二商品モデル」のみによる解釈では，「使用価値」の捨象はあくまで結論に他ならないが，マルクスの叙述ではむしろ根拠として使われている側面がある。

　「二商品モデル」のみによる解釈を批判する以上は，以上の3点について説得的な説明を可能にする新解釈を提示する必要があろう。

　ところで，ここにわれわれがとりあげようとする松石勝彦の所説は，

上に挙げた３点のうち一番目の点のみを扱っているにすぎない[8]。その意味でわれわれにとってはなお不満足なものであるが，一番目の点だけでも明確にとりあげられた点は高く評価されねばならない。われわれがさしあたりの手がかりとして氏の所説をとりあげる所以である。

松石氏は，マルクスが「二商品モデル」に基づいて議論する前に「一対多商品モデル」（事実上拡大された価値形態に当たるもの）をとりあげて議論を展開している事実を重視し，そのモデルに基づく議論がマルクスの価値実体導出の論理にとってもつ意味を次のように説明する。

「多くの教科書，解説書，研究書では，いきなり二商品の交換関係がとられ，分析を始めるが，これは誤りである。二商品では『両者のそれぞれが，それが交換価値であるかぎり，この第三のものに還元されうる』とはいえない。二商品が『交換価値である』という論証がなされないからである。前節でみた……論証があってはじめて二商品がどちらも『交換価値である』と言えるのである。」[9]

「二商品の交換関係は，一般的に
　　１クォーターの小麦＝ａツェントナーの鉄……（4）
と書けるが，……ここで注意すべきは『両者のそれぞれが，それが交換価値である』と明言されている点である。価値形態論から見れば，（4）式においてはただ小麦の交換価値のみが鉄で表現されているだけであり，鉄の交換価値は全然表現されていないから，両者は交換価値ではないと言える。にもかかわらず，なぜ両者は『交換価値である』のか？　それは，前述のように，第６パラグラフ（この第６パラグラフで，われわれのいわゆる「一対多商品モデル」が展開されている。―筆者）で，……あらかじめ両者が『交換価値である』ことが明らかにされているからである。」[10]

みられるように，松石氏は「一対多商品モデル」の意義を，「商品が交換価値であることを論証する」点に求めている。ではどのようにしてか。またそもそも「商品が交換価値であることを論証する」とはどういうことか。この点をより具体的に明らかにしている氏の文章を次に引こ

う。

「

$$
1 \text{クォーターの小麦} \left\{ \begin{array}{l} = \text{x 量の靴墨} \\ = \text{y 量の絹} \quad \cdots\cdots \text{(1)} \\ = \text{z 量の金} \end{array} \right.
$$

（1）式からただちに『小麦はただ１つの交換価値をもっているのではなく，いろいろな交換価値をもっている』ことがわかる。すなわち

$$
\begin{array}{l} 1 \text{クォーターの小麦} \\ \text{の交換価値} \end{array} \left\{ \begin{array}{l} = \text{x 量の靴墨} \\ = \text{y 量の絹} \quad \cdots\cdots \text{(2)} \\ = \text{z 量の金} \end{array} \right.
$$

（2）式において，右辺の x 量の靴墨，y 量の絹，z 量の金などは，すべて左辺の『１クォーターの小麦の交換価値』であるから，当然『互いに置き換えうる，または互いに等しい大きさの諸交換価値』であり，右辺の各商品について等号が成立する。

$$
\begin{array}{l} 1 \text{クォーターの小麦} \\ \text{の交換価値} \end{array} \left\{ \begin{array}{l} = \text{x 量の靴墨} \\ \quad \| \\ = \text{y 量の絹} \quad \cdots\cdots \text{(3)} \\ \quad \| \\ = \text{z 量の金} \end{array} \right.
$$

この（3）式から次の２つの結論が容易に出てくる。

　……右辺の靴墨，絹，金などは『１つの等しいもの』を表現しているのである。

　……逆に言えば，右辺の１つ１つの交換価値はこの『１つの等しいもの』つまり『ある内実』の『表現様式』『現象形態』ということに論理必然的になる。」[11]（強調点－筆者）

「……多商品の交換関係の分析からえられた『１つの等しいもの』とは何か？ 交換価値という表現様式，現象形態の奥にある『ある内実』とは何か？ この課題の解明のためには，（3）式の右辺の『たがいに

図1

〈一対多商品モデル〉

$$
商品 A \left\{ \begin{array}{l} =商品\ B \\ =商品\ C \\ =商品\ D \end{array} \right\} \rightarrow 抽出
$$

〈二商品モデル〉

商品 C＝商品 D

　置き換えうる，または互いに等しい大きさの諸交換価値』のなかから
たった2つの交換価値つまり二商品を取ってきて，この二商品をとも
に等しい，交換価値として分析すれば十分であろう。」[12]

　以上の叙述から，松石氏が「商品が交換価値であることを論証する」
と述べられていることの内容がほぼ明らかとなる。

　端的にいって氏は，「他商品の等価形態になる」ことをもってその商
品が「交換価値である」ことを論証したことになると考えておられるの
である。そしてその論証を行なうことこそ「一対多商品モデル」の意義
であり，「一対多商品モデル」はその論証を，「右辺」，すなわち一商品
の等価形態の位置に諸商品を置くことによって成し遂げるというわけ
である。

　従って，松石氏による「一対多商品モデル」と「二商品モデル」との
関係の解釈は図1のようになるであろう。

　この図のように受けとってはじめて，松石氏のいわれる，「右辺のな
かから……二商品を取ってきて，……ともに等しい交換価値として分
析」するという文章の意味が理解できる。

　後述するようにわれわれはこの松石氏の解釈には賛同しえないので
あるが，ともあれ，「一対多商品モデル」の意義を決定的に重視した独
創的新解釈であることは認められてしかるべきだろう。

　では，松石氏はこの新解釈によって，現下の枢要問題，すなわちマル
クスの価値実体導出の論理における「使用価値捨象」のプロセスをどう

28

図 2

$$商品 A \begin{cases} =商品 B \\ =商品 C \\ =商品 D \end{cases}$$
$$=商品 B =商品 C（=商品 D =……）$$

再解釈しようとするのであろうか。

松石氏はいう,

「諸商品の交換関係の特徴は，まさに『諸使用価値の捨象』である。もちろん小麦と鉄の交換式（4）は，小麦と鉄というちがった使用価値を前提する。……しかし（4）式のように，小麦と鉄という異なる使用価値がいったん交換されるとなると，もはや使用価値は全然問題にならず，『使用価値の捨象』が行われる。（4）式の等号がこのことを示している。小麦と鉄は使用価値として等しいものではなく，交換価値として等しいのである。この交換関係の内部では，1つの使用価値（小麦）は，適当な比率たとえば1クォーター対 a ツェントナーで存在しさえすれば,他のどの使用価値（たとえば鉄）ともまったく『同じものとして通用する』。……

以上見たように，交換関係を特徴づける『使用価値の捨象』とは，（4）式のように，いったん異なる使用価値が交換されるとなると，ある使用価値が一定の割合で他の使用価値に等しいと置かれるのであるから，等式が使用価値の捨象を行なっているということである。」[13]

ここで松石氏のいわれる「等式が使用価値の捨象を行なっている」とはどういうことであろうか。同じく氏のいわれる「他のどの使用価値とも同じものとして通用する」から推測するに，氏のいわれる「等式」とは，（4）式の「二商品モデル」におけるそれというよりは，（3）式の「一対多商品モデル」の右辺における「縦の等式」のことを直接には指しているのではなかろうか。

すなわち図2のようにである。

しかし，そうだとすると，なるほどいずれも同一商品の等価形態にす

第1章 「使用価値一般」の捨象について　**29**

ぎないから，両者のあいだに欲望の対象として求め合う関係はありえ
ず，その意味で使用価値は捨象されているとはいいうるが，逆にこの関
係を「交換関係」とみなすことはできないであろう。

　同一商品の等価形態に立つ2商品の関係と商品の使用価値としての
実現をも求め合う「交換関係」とは，そもそも全く位相の異なる問題と
しなければならない。前者の特質をもって後者の特質を推し測ろうとす
るのは，論理の飛躍というものである。

　この点での松石氏の解釈が説得力をもちえていない以上，氏による
ベーム＝バヴェルクへの反批判も説得力をもちえていない。

　氏は次のようにいわれる，

　「……抽象的一般的には『使用価値一般』は成立する。しかし問題
の核心はこの『使用価値一般』が諸交換価値の『共通物』であり，そ
の内実になりうるかにある。……市揚では日々ある使用価値が他の使
用価値と一定の割合で交換されており，この使用価値の交換割合こそ
交換価値である。だから，この交換割合は使用価値を前提するが，直
接にはもはや関係がない。かくて……異なる使用価値の交換割合＝交
換価値を決定するのは使用価値ではない。『使用価値の捨象』が現実
に行なわれるのである。」[14]

　ここで松石氏は，「だから使用価値は関係がない」とか「かくて捨象
が現実に行なわれる」といわれるのだが，その根拠となっているのは，
「使用価値の交換割合こそ交換価値である」という点にすぎない。この
ベーム＝バヴェルクへの反批判において先に氏が展開した「一対多商
品モデル」の重要性といった論点が，明示的に一切言及されていないの
は意外としかいい様がない。そもそも「使用価値の交換割合こそ交換価
値である」ということであれば，ベーム＝バヴェルクも含め，多くの
近代経済学者が認めるところではないだろうか。少なくとも「交換割合
が交換価値である」ことのみからは，使用価値捨象の論理が導かれうる
とは思われない。仮に，もし何らかの方法があってそれが導かれうると
しても，それを可能にする中間の論証こそなされるべきであろう。とこ
ろがそれが，ここには全くみあたらないのである。肩すかしをくわされ

た思いがするのはわれわれだけではあるまい。

　以上，みてきたように，松石氏の議論は，「一対多商品モデル」の重要性を強調するという新しい展開の芽を含みつつも肝心のところで説得力を失っているといわざるをえない。

　では，松石氏の誤りはどの点にあると考えるべきであろうか。われわれはそれを，先にも示唆したように，「一対多商品モデル」の右辺（等価形態）の二商品関係をもって，「二商品モデル」と解釈した点に求める。

　次では，この点を含め『資本論』冒頭節の「使用価値捨象の論理」をめぐる3つの問題点の解決とその全体構造を明らかにすることを通じて問題の本質に迫ることとしたい。

第2節　「価値実体導出」の論理構造

1　「一対多商品モデル」と「二商品モデル」との関係

　価値実体導出の論理における「一対多商品モデル」と「二商品モデル」との関係についてはおよそ3つの解釈が可能だと思われる。

　1つめは，先に述べた松石氏により示唆された解釈であり，「一対多商品モデル」の右辺における等価形態に立つ二商品が「二商品モデル」の右辺と左辺に置かれるとするものである。

　すなわち，図3。

　2つめは，もっともよくみられるいわば通説的な解釈であって，「一

図3

$$\text{I} \quad \text{商品 A} \begin{cases} =\text{商品 B} \\ \quad \| \\ =\text{商品 C} \\ \quad \| \\ =\text{商品 D} \\ \quad \| \\ \quad \vdots \end{cases} \Rightarrow \text{商品 B}=\text{商品 C}$$

第1章 「使用価値一般」の捨象について　　31

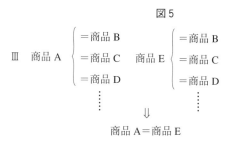

対多商品モデル」の右辺の商品列から一商品を抽出し，「二商品モデル」とするものである[15]。

すなわち，図4。

3つめは，明示的にはほとんどみかけない解釈であるが，「一対多商品モデル」自体が2つあり，その（相対的価値形態に立つ）左辺の二商品が，「二商品モデル」の右辺と左辺に立つとするものである。

すなわち，図5。

以上の3つのうちどれがもっとも妥当な解釈であろうか。

まずIについては先程検討し，われわれとしては不適当な解釈であるとの結論を得た。いま一度その根拠を繰り返すならば，Iの解釈では「二商品モデル」における二商品の関係は「交換関係」とはなりえないからである。

「交換関係の特徴は使用価値の捨象である」と述べていることからもわかるようにマルクスは明らかに「交換関係」に立つものとして「二商品モデル」を考えている。しかし，一商品の等価形態に立つ二商品の関係は，特定商品の価値の表現形態であるという点でのみ存在しているのであって，価値と使用価値の実現を求め合う「交換関係」とは似ても似

つかないものである。

　また先には触れなかったことであるが，Ⅰの説は，二商品の関係を相対的価値形態に立つ商品（マルクスの設例では小麦，われわれの図では商品Ａ）を背後に前提して把えている点で，厳密には「二商品モデル」ではなく「三商品モデル」というべきである。以上のことからこの解釈は執ることができない。

　では次に，ほぼ通説とみてよいⅡの解釈はどうであろうか。

　この説は，当該部分でのマルクスの論理を価値形態論の展開とは逆に，拡大された価値形態（形態Ⅱ）から簡単な価値形態（形態Ⅰ）へと分析的に下向しているとみなす点で，方法論上の一解釈（すなわちここでマルクスは価値形態論の発生的上向法とは逆に分析的下向法を採用しているという解釈）[16]をも含むといえる。

　それはそれでわかりやすいともいえるが，この解釈で問題なのは「一対多商品モデル」における左辺の商品と右辺の商品との位置関係がそのまま「二商品モデル」に並行移動するために，左右商品の相対的価値形態と等価形態という「非対称性」がそのまま保持される点である。

　だが，マルクスの「二商品モデル」においては左右の商品の関係は「対称的」でなければならない。なぜならば，そうでなければそれは「二商品モデル」ではなく「一商品モデル」の変種にすぎなくなってしまうからである。非対称性，すなわち左辺の右辺の商品に対する（相対的価値形態としての）能動性を認め，「二商品モデル」を事実上簡単な価値形態とみることは，「二商品モデル」を一商品（マルクスの設例では小麦，われわれの図では商品Ａ）の価値表現の枠内に押し込めることに他ならない。そうなれば論理展開上の主役は常に左辺の相対的価値形態に立つ商品とならざるをえず，その点で「二商品モデル」の内実は，「一対多商品モデル」と本質的に同一の「一商品モデル」と化さざるをえないのである。

　ところでマルクスは「ある特定の商品，たとえば一クォーターの小麦は，」として「一対多商品モデル」を展開したのち，「さらに，２つの商品，たとえば小麦と鉄とをとってみよう」として「二商品モデル」を展

開している [17] のであって，明らかに両者のあいだに「一商品から二商品へ」という論理展開上のステップの差を想定しているのである（この意味では，先程紹介した方法論上の解釈，すなわち当該部分におけるマルクスの論理を分析的下向法とみる主張は批判的に再検討されるべきであろう）。

　以上，要するに，IIの解釈は，「二商品モデル」を事実上「一商品モデル」の枠内に押し込める点でこれまた受け入れ難いのである。

　そこでIIIの解釈のみが残る。結論からいえばわれわれはこの解釈が正しいと考える。

　まずレトリカルな問題からいえば，マルクスが「一対多商品モデル」の右辺に置いた靴墨，絹，金ではなく，そこにはない鉄を「二商品モデル」にわざわざ持ってきた点を重視したい。IやIIの解釈ならば靴墨や絹でもよいはずである。IIIの解釈に立った場合にのみ第4の商品の必要性が明確となる。

　さらに，より本質的な論理上の問題として次の点があげられる。

　「一対多商品モデル」に基づいてのマルクスの分析の1つの結論は，「交換価値は，一般にただ，それとは区別されうるある内実の表現様式，『現象形態』でしかありえない。」[18] であった。ここでの「ある内実」が価値を指すことはまちがいないが，問題はそれが，相対的価値形態に立つ商品（この場合は小麦）の価値であるのか，等価形態に立つ商品の価値であるのかという点である。数学的にはそれはどうでもよいことであり，同一量のことだからどちらでもあるということになるが，経済学的にはこの違いは決定的である。

　いうまでもなくこの答は「表現様式」，「現象形態」にすぎない右辺の等価形態に立つ諸商品（靴墨，絹，金 etc）の価値ではなく，あくまで相対的価値形態に立つ商品（小麦）の価値でなくてはならない。そうでなければ何を表現するのかがあいまいになり，このモデル全体が崩れてしまうであろう。

　だとすれば，この「一対多商品モデル」の結論を受けて展開される「二商品モデル」のなかの命題「同じ大きさの1つの共通物が，2つの異っ

た物のなかに，すなわち1クォーターの小麦のなかにもaツェントナーの鉄のなかにも，実存する」[19]における「同じ大きさの1つの共通物」は，相対的価値形態に立つ商品の価値を意味する。それというのも，この「共通物」は直前で展開された命題における「ある内実」のことに他ならず，この「ある内実」は先に述べたとおり，相対的価値形態に立つ商品の「なかに実存する」価値でなければならないからである。

　従って「二商品モデル」における小麦と鉄はどちらも，「一対多商品モデル」における左辺，すなわち相対的価値形態に立つ商品でなければならないのである。われわれがⅢの解釈を支持すべきだと考える最大の根拠がここにある。以上でひとまず，Ⅲの解釈の正当性が確認されたと考える。

2　一商品の「使用価値」ではなく「自然的属性」が捨象される根拠

　マルクスの価値実体導出の論理構造を読み解くうえで決定的に重要なのは，マルクスが「二商品モデル」において各商品から捨象したのは「自然的属性」であって「使用価値」ではないという点である（マルクスは他方で「諸商品体から使用価値を度外視すると」と述べて商品から使用価値を捨象するように書いているが，この場合の諸商品体は複数であることに注意しなければなならない[20]。複数の諸商品体は，商品相互の関係，従って交換関係をも内包するのであってそこから使用価値を捨象することは直前でマルクスが述べていることと矛盾しない。問題は，単数の各商品から捨象されるものが，使用価値ではないということである）。

　マルクスの文章を引いてみよう。

　「この共通なものは，商品の幾何学的，物理学的，化学的，またはその他の自然的属性ではありえない。そもそも商品の物体的諸属性が問題になるのは，ただそれらが商品を有用なものにし，したがって使用価値にする限りのことである。ところが，他方，諸商品の交換関係を明白に特徴づけるものは，まさに諸商品の使用価値の捨象である。」（強調点－筆者）

第1章 「使用価値一般」の捨象について　**35**

みられるようにマルクスは，2商品の「共通物」として考えうる候補のなかから「使用価値」ではなく「自然的属性」を捨象しているのである。そればかりではない。「使用価値の捨象」はこの「共通物」を析出する論理において「結論」ではなく「根拠」として用いられているのである（さらにいえば，使用価値が捨象されるのは「交換関係」からであって商品からではない）。

こうしたことの理由はいったい何であろうか。後者の問題は後に回し，まず商品から捨象される対象が「使用価値」ではなく「自然的属性」となっている理由を考察しよう。

まず確認されるべきは，当該部分が「二商品モデル」を前提とした議論の一部だということである。文脈上も「この共通なもの」とあるのが2段落前の「同じ大きさの1つの共通物」であることは疑う余地がない。だとすれば，この「二商品モデル」を用いた議論における前半部の主たる主張が何であったかが，この問題を解く鍵だということになってくる。では前半部の主たる主張点は何だったであろうか。それは，「同じ大きさの1つの共通物が2つの異った物のなかに実存し」，従って両者は「第三のものに還元されなければならない」であった[21]。（強調点－筆者）

これまで，この文章で注目されてきたのはもっぱら「共通物」，「第三者への還元」といった文言であった。しかしこれらの概念自体は，「自然的属性」の捨象が議論される後半部にも前半と同様の主旨で登場するのであって，後半部の論理展開の根拠となるものが含まれているとは考え難い。従って「鍵」はこれら以外に探さなければならない。そうなると残るのは「なかに実存する」という表現である。

実は，これまでほとんど注目されてこなかったこの「内在性」の指摘こそは，マルクスがここで「使用価値」ではなく「自然的属性」を捨象した最大の根拠であり，ひいては，マルクスの価値実体導出の論理構造を支える「要石」だと思われるのである。

マルクスは，この価値の「内在性」をもって，ベーム＝バヴェルクのいう「使用価値一般」を商品から捨象しているのだということができる。なぜならば「自然的属性」と「使用価値」の最大の相違がこの「内

在性」の有無にあり，それが「自然的属性」にはあって「使用価値」には無いが故に，価値実体の候補としてマルクスは前者を残し，後者を一般的に捨象したと考えられるからである（もっともその「自然的属性」も交換関係における使用価値の捨象を根拠にすぐにまた捨象されるのではあるが）。

　では改めて，なぜ「自然的属性」は「内在的」であり，「使用価値」はそれに対して「内在的」ではないのか。そもそも「内在的」とはどういう意味なのか。これらは決して自明な事柄ではない。以下この点を考察してみよう。

　卑近な例であるが，1つの例として納豆という食品をとりあげて考えてみたい。

　納豆は「茶色く」（色），「ねばねばした」（材質），「臭ったようなにおいのする」（匂い），「粒状で」（形状），「軽い」（重さ）物体である。これらはすべて納豆の「自然的属性」であり，納豆の嫌いな人も好きな人も全く同様に，客観的に認めうる性質である。

　では納豆の「使用価値」はどうか。納豆は食品であるから「使用価値」として人間の食に供しうるという性質をもつ。しかしこの食品としての「使用価値」ないし「有用性」は，納豆の嫌いな人にも好きな人にも全く同様に認めうる客観的な性質といいうるであろうか。

　よくいわれるように，一昔前までは西日本の人々は，納豆を徹底して嫌うかもしくは始めから知らないという場合さえあって食品として認めてこなかった。つまり，（俗説かもしれないがこれを認めるとすれば）納豆は東日本の人々にとってこそ「使用価値」があるとしても，西日本の人々にとってはごく最近まで「使用価値」が無かったのである。

　「使用価値」が無かったという表現がやや極端だとしても，「使用価値」が「自然的属性」とは異なり，地理的，歴史的に限定され，社会的に規定されて存在していることは疑えないところであろう。

　このことはさらに次のように敷衍することが可能である。すなわち，「自然的属性」と異なって「使用価値」は，それを消費する人間という「主体的要因」と無関係には存在しえないということである。これに対して

商品ないし生産物そのものは「客体的要因」であるから,以上のことは,「使用価値」は,「主体的要因」と「客体的要因」との関係のうちにのみ存在するといいかえることもできよう。

ところで,「主体的要因」である人間は,「客体的要因」である商品ないし生産物の外に実在するのであるから,先の「主体的要因」と「客体的要因」との関係は,商品にとって外的関係といわざるをえない。従って,「主体的要因」と「客体的要因」との関係においてのみ存在する「使用価値」は,商品にとって「外に開かれた」存在であって,「内在的」存在ではありえないのである。

これに対し,「自然的属性」は,「客体的要因」のみによって成立するが故に,商品にとって「内在的」なのである。

さて,商品に「内在」する,従って「客体的要因」のみによって成立している属性が「自然的属性」の他にもう1つ存在する。それが,「労働生産物という属性」である。たとえば,納豆という食品が「労働生産物」であることは,納豆の好きな人も嫌いな人も全く同様に認めざるをえない客観的な属性である。マルクスは,価値の商品「内在性」を根拠に,まず,①「使用価値一般」を捨象して,「自然的属性」と「労働生産物という属性」を残し,次いで,② 交換関係における使用価値の捨象を根拠に「自然的属性」を捨象し,「労働生産物という属性」を残したのである。

価値の「内在性」が,マルクスの価値実体導出の論理構造における「要石」であることが,ここまでの論述でもかなり説明しえたと考える。そうなると,こんどは,翻って価値の「内在性」がどのように論証されているかという点に注意が向けられてしかるべきであろう。しかし,実はこの点でのマルクスの論証は決して充分ではなく,われわれの考えでは重大な「補完」が必要である。しかしこれについては,次に節を改めて論じることとし,ここでは残された第三の論点をまず解決しておくこととしよう。

3 「使用価値の捨象」が「結論」ではなく「根拠」とされる理由

「使用価値の捨象」がベーム゠バヴェルク以来のマルクス解釈，すなわち「2商品は使用価値が異なるからこそ交換されるのであり，従って使用価値は共通物たる価値実体たりえない」という論理の「結論」として主張されるのではなく，逆に，商品から「自然的属性」を捨象するための「根拠」として用いられている点に注目することはきわめて重要である。

前段ですでに明らかなとおり，「使用価値の捨象」を「根拠」に何を論証したいのかといえば，それは，「2商品に共通する第三者として，『自然的属性』が不適当であること」に他ならない。問題はむしろ「使用価値の捨象」自身はその場合どのように「根拠」づけられるのかということであろう。

ここで，「使用価値」が捨象される基体が，「商品」ではなく「交換関係」であることに改めて注意する必要がある。「交換関係」についてマルクスは特に定義していないが，『資本論』初版から推測すると，マルクスは，少なくとも商品論の内部では，いわゆる「価値形態」とほぼ同義にこの用語を用いているように思われる[22]。

しかし，2商品モデルにおける交換関係は，価値形態と同義ではない。むしろ，具体的使用価値を互いに求め合う関係と捉えるべきである。そしてここにこそ，商品は具体的使用価値が異なるからこそ交換されるのであり，共通物としては使用価値は捨象されるという通説的論理が，用いられるとみなすべきであろう。そこで捨象されているのは，使用価値一般ではなく，あくまで具体的使用価値なのではあるが。

さて，以上述べたった第1項から第3項までの議論を整理し，マルクスの価値実体導出の論理の骨格を明らかにしてみよう。

まずマルクスは
①「一対多商品モデル」を用いて交換価値と価値を区別し，価値を，「ある内実」とした。

ついで彼は，

② 「二商品モデル」を用いて，共通の第二者は商品に「内在的」な属性であるとし，「自然的属性」と「労働生産物という属性」を残した。

さらに，

③ 商品の「自然的属性」は使用価値と切り離すことはできず，かつ使用価値は交換関係で捨象されるが故に，「自然的属性」は共通な第三者たりえないとした。

そして最後に，

④ 商品に「内在的」な属性で，かつ共通な第三者として残るのは，「労働生産物という属性」のみであるとした。

ベーム゠バヴェルクのいう「使用価値一般」の捨象は，たしかに③ではおこなっていないが，②において，商品に「内在する」属性として「自然的属性」をとりあげた段階でおこなっていたのである。「使用価値一般」の捨象は，交換関係における「具体的使用価値」の捨象の前に，価値の商品「内在性」を根拠になされていたとみるべきである。

みられるように，ここで鍵となるのは，価値が商品に「内在している」という判断である。それではこのことはどのようにして論証されているのであろうか。

実は，これこそは，マルクスが「一対多商品モデル」を展開した真の目的であったと考えられるのであるが，彼はこの点で必ずしも成功していない。

次では，マルクスの論理の不充分な点を指摘しつつ，われわれの試案を提示することとしたい。

第3節 価値の「内在性」と「積分」

1 「一対多商品モデル」の不充分性

価値の商品「内在性」は，われわれのいう「一対多商品モデル」において，「ある内実」という表現でそれとなく示唆されている。しかしこれといって固有の論証があるわけではない。あるのはその「ある内実」と諸交換価値が異なるという，ほとんど「宣言」に近い断定だけである。しかしこれでは「使用価値一般」を捨象する根拠としては不充分であるとわれわれは考える。ではどう補完するべきなのか。それを考えるために，まずいま一度マルクスの「一対多商品モデル」による論理展開を振りかえってみよう。

マルクスはこの部分の結論を次のように2つにまとめている。すなわち，①「同じ商品の妥当な諸交換価値は1つの等しいものを表現する」，②「交換価値は，一般にただ，それとは区別されうるある内実の表現様式，『現象形態』でしかありえない」の2つである[23]。

しかしこの2つの結論を導く根拠としては，事実上次の点が指摘されているにすぎない。

すなわち，

「x量の靴墨もy量の絹もz量の金なども，どれも1クォーターの小麦の交換価値であるから，x量の靴墨，y量の絹，z量の金などは，互いに置き換えうる，または互いに等しい大きさの，諸交換価値でなければならない」。[24]

結論①の「1つの等しいもの」は，結論を導く文章の「1クォーターの小麦の交換価値」と解釈するのが適当であろう。その意味で結論①についてはあまり問題がない。問題は結論②である。なぜ，「互いに置き換えうる，等しい大きさの」ものであることが，「それら自身とは区別されるある内実の現象形態」であることの根拠となるのであろうか。

第1章 「使用価値一般」の捨象について **41**

たとえば，効用価値説でも，これと類似した「代替性」の問題は議論される[25]（ただマルクスの例が，等価形態に立つ商品間の「代替性」の議論であるのに対し，効用価値説においては相対的価値形態に立つ商品間の「代替性」の議論である点が異なるが）。そこでも具体的な使用価値と限界効用とは区別され，等しい大きさの限界効用が析出される。しかし，だからといって各商品を限界効用の「現象形態」とみなすことはない。その必然性がないからである。

たしかに「表現様式」という言葉がある以上，表現される「内容」と表現する「形式」とが区別されるということまでは認められてよい。しかし，それだけでは「内容」を「内実」（Gehalt）といいかえる根拠にはなりえない。「内容」がプラトンのイデアのように宙に浮いているかもしれないからである。問題はここにおける「表現様式」の固有の意味である。

2 「表現様式」の意味

交換価値が価値の「表現様式」であるいうことの意味を正確に把握するために，まず「表現」とは何かを考えてみたい。

「表現」とは一般的には，いうまでもなく心に思うこと，感ずることを，色，音，言語，行為などの形によって表し出すことである[26]。

しかしこの行為は，よく考えてみると，2つの部分に分けて考えうることがわかる。それは，① 素材（パーツ）の選択と，② それらの素材（パーツ）を組み合わせて，1つの全体を構成することである。

① の素材の選択は，表現手段として，色や形を選ぶか（美術），音を選ぶか（音楽），言葉を選ぶか（文学），行為を選ぶか（舞踊）というレベルですでに第一段階がなされている。しかし，各領域の内部に至っても，この素材（パーツ）の選択は重要な意味をもっている。むしろより重要なのはこちらの方である。

文学であれば，単語の選択といったレベルから，登場人物，舞台設定，プロットの選択といった様々な側面があろうし，彫刻であれば，木彫か，石膏かといった材質の選択とモデルの選択，そしてポーズの選択があろ

図6

$$1 \text{クォーターの小麦} \begin{cases} = x \text{量の靴墨} \\ = y \text{量の絹} \\ = z \text{量の金} \end{cases}$$

う。また作曲であれば，リズム，音調，構成といったレベルから，そも
そも１つ１つの音の選択といったもっとも単純でもっとも厳しい選択
のプロセスが存在する。舞踊では人間に可能なあらゆる運動形態が選択
の対象である。

　そしてこの素材の選択のプロセスはほとんど同時にその「構成」のプ
ロセスへの転換の芽を含んでいる。しかしにもかかわらず，「素材の選
択」と，「一全体の構成」とは，相対的に区別されうるプロセスである。
素材を選択しただけでは，なお，それは「可能性」としてのみの「表現」
なのであって，「現実性」としてはただの自然物，自然現象にすぎない。
「一全体として構成する」後半のプロセスがあってはじめて自然界には
存在せず，人間世界にもそれ以前には決して存在しなかった，「創造」
としての「表現」が誕生するのである。いいかえれば，「表現」とは，「素
材の選択」と「一全体の構成」が総合された実践行為として把えること
ができるのである。

　さて，以上の観点から，価値の「表現様式」としての交換価値を把え
直してみよう。交換価値は，図６のように存在するのであった。

　この図式における，「靴墨，絹，金，etc」といった小麦の価値を表現
する諸商品の選択こそは，先の第一段階，すなわち，「素材（パーツ）
の選択」の段階に他ならない。そして「x量，y量，z量，etc」が表わ
しているものこそは，先の第二段階，すなわち，「一全体の構成」の段
階である。この場合の「一全体」は，すなわち「１クォーターの小麦の
交換価値」である。このように考えてはじめて交換価値が，１つの「表
現様式」であることが明確となるのである。

　さらにここで，興味深いことに気づく。それは，この「素材（パーツ）

第1章 「使用価値一般」の捨象について　　43

図7

① 「素材（パーツ）の選択」
　　　　　　‖
　　「靴墨，絹，金，etcの選択」
　　　　　　‖
　　「1/x，1/y，1/z　etcへの」「分割」

② 「一全体の構成」
　　　　　‖
　　「各商品を集積して1クォーターの小麦の交換価値とする」
　　　　　‖
　　「x量，y量，z量　etc分の集積」「総和」

の選択」のプロセスは，「1クォーターの小麦の価値」という同一量の
「分割」の比率を与えているということである。なぜなら，靴墨の選択は，
その価値を 1/x に分割して，一単位の靴墨の価値を基準に問題の小麦の
価値を表現しようとすることを意味し，同様に絹の選択は 1/y に，金の
選択は 1/z にそれぞれ対応するからである。そうなると，後半の「一全
体を構成する」プロセスは，分割された価値をもとの大きさに足し合わ
せること，すなわち「総和」するプロセスに対応するといえるであろう。
以上を図にまとめると図7のようになる。

3　価値の「内在性」と「積分」

「分割」と「総和」を総合することは「積分」の操作と同等である。
　この操作が，「ある内実」の「表現様式」＝「現象形態」である交換
価値に共通してなされている操作だとすれば，そこから導き出される重
要な帰結は，その「ある内実」が，「積み重なった」（積分された）量だ
ということである。
　実は，この「積み重なった」（積分された）量（「凝固された」ではな
い—念のため）であるということが，その量の「内在性」を論ずるため
のきわめて重要な媒介項となるのである。それというのも「積み重なっ
た量」として存在するためには，「積み重なる」「場」としての「閉空間」
が必要だからである。たとえば，宇宙空間のように範囲の限定されない
茫漠とした空間においては「積み重なる」ということはありえない。数

学的にいえば，定積分には「領域」が必要である。ところで，価値が「積み重なる」場は商品以外にはありえない。なぜならそれ以外の場所に「積み重なっている」のであれば，商品体が消滅しようと価値は存在し続けることになるが，そんなことはありえないからである。従って価値は商品に「積み重なっている」ことになるのだが，これは商品が「積み重なる」「場」としての「閉空間」になっているということであり，よって価値は，商品という「閉空間」に「内在している」ことを意味するのである（ちなみに，限界効用価値説においては，効用が序数的な量で基数のように足し合わせることができないために，「積み重なる」ということもありえない）。

　以上のような，「内在性」と「積分」とを結びつけるという論点を補足することによって，価値の商品「内在性」もはじめて充全に論証され，マルクスの価値実体導出の論理も，より強力に自己を主張することが可能となるのである。はじめにわれわれが示唆した「媒介項」とはこのことに他ならない。

おわりに

　かくしてわれわれは，価値の「積み重なり」（積分）という論点を「媒介項」として補完することによって，価値の商品「内在性」の論証とそれに基づく価値実体導出の論理を可能にする糸口をつかみえたと考える。

　ベーム＝バヴェルクの批判についていえば，「使用価値一般」の捨象は，価値の「内在性」を根拠として，「使用価値」ではなく「自然的属性」を残した段階で事実上なされていたとみるべきである。

　もちろん，こうした結論はいわゆる「物神性論」を前提に再構成されてはじめて現実的な意味をもちうるであろう。本稿は，さしあたり『資本論』冒頭節におけるマルクスの論理が，決して一部の論者の主張するような迷論，妄説のたぐいではないことを示そうとしたにすぎないことを述べて本章を締めくくることとする。

第 1 章　「使用価値一般」の捨象について　**45**

注

1) ごく最近の際立った例として，大木啓次氏の『マルクス経済学を見直す』，
平原社，1994 年をあげることができよう。大木氏が 20 年程前には，マルク
ス擁護派の陣営の一員として，佐藤金三郎・岡崎栄松・降旗節雄・山口重克
編『資本論を学ぶ I 』有斐閣選書，1977 年で第 7 章「価値実体の導出」を
執筆していたことを考えると隔世の思いがする。大木氏の近著におけるマル
クス価値論批判は，① 商品は労働生産物に限らず様々な情報や様々な権利
も商品になっている，② X 量の靴墨，Y 量の絹，Z 量の金等は，交換価値
そのものではなく交換価値の現象形態であって交換価値は小麦に「内在する
もの」である。③ 商品が貨幣を媒介せずに直接に交換され合う状態は商品
経済の特殊的，例外的な場合であってそうした想定の下に一般論を展開すべ
きではない。④ 使用価値を捨象するということは使用価値としての相互の
差異も捨象することとなり，それでは交換関係がなりたたないから，使用価
値が捨象されることはない。⑤ 商品体とは商品の使用価値のことなのであ
るから，マルクスが商品体の使用価値を度外視するということは，使用価値
から使用価値を度外視するということになる。⑥「労働者生産物という属性」
にはもはや使用価値は残されていないはずであるから，労働生産物からもう
一度使用価値を捨象して抽象的人間労働に還元することはできない，の 6 点
にまとめうると思われる。① と ③ は古典学派の価値論にもあてはまる批判
点であり，あえて言及することは控える。④ についていえばむしろ，相互の
差異を捨象しなければ交換関係はなりたたないことを指摘すれば充分であ
ろう。差異を捨象し「共通物」を確認することによってのみ，交換関係は成
立するのである。⑤ については，マルクスが，「諸商品体」と複数形で述べ
ている箇所を，「商品体」と単数形に置きかえて読もうとするところに誤り
の根源があると思われる。複数形としての「諸商品体」は商品相互の関係，
すなわち交換関係を含むのである。⑥ については，「労働生産物という属性」
と「労働生産物」そのものとは全く異なることを指摘すれば充分であ
る。前者から使用価値は捨象できないが，後者からはできるのである。
　残るは，② であるが，この論点だけはたしかに充分な検討に値する。し
かし「交換価値」ないし「交換力」が真に「内在的」かどうかは，等価形態
に立つ商品の価値変動いかんによって，容易に変動させられることだけを考
えても否定されるべきではなかろうか。なおこの論点については，すでに

20 年以上前に大淵素行氏による同主旨からの大部な展開があり，大木氏の独創では全くないことを付け加えておく（大淵素行「マルクス価値範疇のヌエ的二重性格について」『経済論集』（新潟大）16，1974 年，参照）。

2) Eugen von Böhm-Bawerk, *Zum Abschluß des Marxschen Systems*, 1896. 邦訳，ベーム＝バヴェルク『マルクス体系の終結』，大本幸造訳，未来社，1969 年，126 ～ 127 ページ。「これらの商品の使用価値がこのように現象するであろう特殊な様相は，なるほど捨象されるけれども，しかし，使用価値一般は，けっして捨象されはしない。」

3) ルドルフ・ヒルファディング「ベーム＝バヴェルクのマルクス批判」（ポール・M・スウィージー『論争・マルクス経済学』玉野井芳郎，石垣博美訳，法政大学出版局，1969 年所収）「マルクスが試みたのは，じっさいはしかし，使用価値がそのもとであらわれる特定の状況の捨象にすぎないのである。なぜなら使用価値は，あくまで『価値の担い手』だからである。このことは，まったく自明である。というのは，『価値』は使用価値の経済的形態規定にほかならぬからである。」（上掲書，157 ページ）。

なお，ヒルファディングには，これとは異なったもう 1 つの反批判の論理が存在する。すなわち，「私が，『使用価値がそのもとで現象する特殊な状況』を，すなわち具体性のままの使用価値を捨象する場合には，私は，私にかんするかぎり使用値価一般を捨象したのである。」（同上，155 ページ）という論理である。

しかし，これは，「私は，私にかんするかぎり」という表現に象徴されるように，極端な個人主義，主観主義に立脚した反論であって，到底受け入れられない。このあたりに，ヒルファディングのオーストロマルクス主義者としてのマッハ主義的偏向を認めることは，あながち的外れではあるまい。

4)「労働と使用価値とは，質的な側面と量的な側面とをもっている。……なぜ，この同一の事態が，一方の競争者［使用価値］にとっては排除されることにならねばならず，他方の競争者［労働］にとっては賞賛されて栄冠を受けることにならねばならないのか，ということは，ぜったいに不可解である！」（ベーム＝バヴェルク，上掲書，130 ページ。）

なお，この点で，抽象的人間労働についてのいわゆる「特殊歴史説」をとる論者は，あるいは，「労働生産物という属性」の「労働」は商品経済に固有の特殊歴史的な実在であって，超歴史的な「使用価値一般」と同列視すべきでないと主張するかもしれない。しかしその場合には，古代世界や中世世界における商品に含まれる労働をどう把えるかについて，特別な説明が必要

だろう。資本主義以後の社会についてはいざしらず，資本主義以前の社会において存在した商品に含まれる労働については，これを歴史貫通的に把えるのが，むしろ自然ではなかろうか。

5）「……商品論は，（商品論が論ぜられるわけは——筆者）……価値の形態規定を与えるためである。むしろここで直ちに労働価値説を展開するということは，マルクスによって初めて確立された形態論のこの歴史的観点を，古典経済学の『欠陥』の中に埋没せしめる危険をさえ免れないものといってよい。」（宇野弘蔵『経済学方法論』東京大学出版会，1962 年，170 ページ）。

6）この大がかりな再解釈を自他ともに認めているのが，故平田清明氏に代表される「市民社会派」である。その有力なメンバーと目しうる山田鋭夫氏はいう。「たとえば宇野理論と対比したとき，市民社会論の方法的特徴の 1 つは，『資本論』への対応のありかたにある。……宇野理論が『資本論』をその修正の方向軸において取りあげるのに対して，市民社会論はそれを再解釈という線上にのせる。」（平田清明・山田鋭夫・八木紀一郎編『現代市民社会の旋回』昭和堂，1987 年，96 ページ）。

その市民社会派の，もっともよくまとまった経済原論のテキストと思われる『経済原論』（平田清明編，青林書院新社，1983 年）は次のように述べる。「冒頭の実体規定では，価値の実体が論証されているどころか，これから論証されるべきものとして課題設定がなされているにすぎない。価値の実体規定についての本論は価値形態論に求められねばならず，マルクス労働価値論の核心は価値の実体が発生する形態的根拠を開示したところにこそ求められるべきである。」（上掲書，24 ページ）。

7）「一対多商品モデル」という表現は，筆者の造語である。事実上は拡大された，もしくは展開された価値形態を指す。しかし事実上同一のものを指すからといって，価値形態を論じるための舞台設定と，価値実体を導くための舞台設定とでは，自ずから位相が異っていると考えるべきであろう。このために，熟さない用語であることを承知で，この表現を採用した。

8）『資本論』初版では，「自然的属性」という表現ではなく，「商品の，自然的な，手にとることのできる存在，すなわち使用価値としての現存」（die physisch-handgreiflichen Existenz der Ware oder das Dasein als Gebrauchswert）となっていて，「使用価値」と明確に区別し切れていない。

（*Das Kapital*, Erster Band S.3.）

9）松石，上掲書，36 ～ 37 ページ。

10）同上，37 ページ。

48

11）同上，31 ～ 32 ページ。

12）同上，36 ページ。

13）同上，39 ページ。

14）同上，60 ページ。

15）「小麦はさまざまな交換価値をもっている。しかしそれらはどれもみな 1
クォーターの小麦の交換価値であるから，1 つのものを表わしているのである。すなわち，交換価値は交換価値自体とはちがった，ある 1 つの内実を表わしている現象形態であることがわかる。

　　その内実とは何であるのか。それが交換価値と区別される価値である。その価値とは何であるのか。いま前例の交換のなかから二商品の交換をとり出してみよう。たとえば，1 クォーターの小麦＝a キロの鉄。1 クォーターの小麦の交換価値は a キロの鉄である。これが表わされている。」（種瀬茂，富塚良三，浜野俊一郎編『資本論体系 2　商品と貨幣』有斐閣，1984 年，13 ページ）。

16）典型的な主張としては，梯明秀「現実的な学としての資本論」『思想』1949 年，3 月号，5 月号がある。

17）*Das Kapital* S. 51，『資本論』社会科学研究所監修，資本論翻訳委員会訳，新日本出版社，1982 年，62 ～ 63 ページ。

18）同上，63 ページ。

19）同上。

20）同上，S.52，原文は "Sieht man nun von Gebrauchswert der Warenkörper ab,
so bleibt ihnen nur noch eine Eigenschaft, die von Arbeitsprodukten." となっている。

　　本来，男性名詞であるはずの Warenkörper の 2 格の定冠詞が "der" となっていることと 3 格が "ihnen" となっていることから，これが複数形であることがわかる。

21）*Das Kapital*, S. 51，『資本論』63 ページ。

22）「したがって商品は，その交換関係から独立して，すなわち商品が交換価値として現われる時の形から独立して，さしあたっては，端的に価値として考察されなければならないのである。（『初版資本論』第一章，牧野紀之訳，鶏鳴双書，1973 年，13 ページ）。

23）*Das Kapital*, S. 51，『資本論』63 ページ。

24）同上，S. 51，62 ～ 63 ページ。

25）たとえば，「第 2 財の第 1 財に対する限界代替率は第 1 財の限界効用と第

2 財の限界効用の比に等しい。」(武隈慎一『ミクロ経済学』新世社, 1989年, 30ページ)。

26) 岩波『国語辞典』第四版, なお, アメリカ美学の代表的著作の1つ, Virgil Aldrich, *Philosophy of Art*, 1963 年(邦訳『芸術の哲学』小野洋, 徳丸吉彦訳, 培風館, 1968 年)では, この関係は次のように図式化されている。

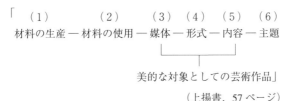

（上掲書, 57 ページ）

さらにこの図について「芸術作品の内容は, その主題が媒体のなかに形式化されたものである。」(同上, 66 ページ)と述べていることから推測すると, オルドリッチは, (2)を, われわれのいう「素材の選択」過程, (3)—(5)を,「—全体の構成」過程と考えているのではなかろうか。

第2章 「還元問題」への一視角
──「現象形態」としての「複雑労働」──

拙論の要点

　複雑労働の単純労働への「還元」は，単純労働による複雑労働の「表現」とも捉えることができる。そうだとすれば，価値形態論の「逆の連関」からの類推によって，複雑労働による単純労働の「表現」もありうるのではなかろうか。事実，それは職業教育において，未経験者が，経験者の指導を支えに，本質的には，言われたとおりにこなすだけの単純労働だとしても，現象的には複雑労働を遂行する場面で認めることができる。還元率は，そのプロセスの観察によって推定することができる。

「補強」の論理

　単純労働による複雑労働の「表現」と，その「逆の連関」。

第2章 「還元問題」への一視角
―― 「現象形態」としての「複雑労働」――

第1節　はじめに

　ベーム＝バヴェルクは，複雑労働の単純労働への還元にかんするマルクスの論理に対し，「マルクスは生産物の交換比率の根拠を労働に求めながら，労働の還元率の根拠を交換に求めるという『純然たる循環論法』に陥っている」と批判した[1]。

　このベーム＝バヴェルクのマルクス批判に対しては，これまで大きく次の2通りの対応がなされてきた[2]。

　1つは，複雑労働の単純労働への還元比率は「複雑労働力の養成・教育」において決定されるのであり，これを「交換」において決定されるとみるベーム＝バヴェルクの解釈は誤っているとする立場である。これは，ベーム＝バヴェルクのゼミナリステンでもあったヒルファディングに始まる。

　いま1つは，ベーム＝バヴェルクの指摘するマルクスの「循環論法」は，実は「悪しき循環論」ではない，とする立場である。この立場の論者は，還元のなされる場を「交換」と解釈したベーム＝バヴェルクはそのかぎりでは正しい，とみる。むしろ「交換」と「労働」との相互規定関係をしかるべき論理的手続きをふまえて整理すれば，ベーム＝バヴェルクとは逆の結論，すなわちマルクスの擁護が可能だ，と主張するのである。こうした議論は，1970年代から80年代にかけての抽象的人間労働にかんする「特殊歴史説」の台頭[3]と連動し，ドイツの数学者出身の経済学者クラウゼによって，ある種の定式化をえたとされている。

　本論では，後述するような理由から，還元率が「交換」において決定されるとするクラウゼらの立場はとらない。したがって，複雑労働力の養成・教育を重視する立場に立つが，ヒルファディングのように複雑労

働力の「価値」を軸とするのではなく，複雑労働力の「使用価値」＝
「労働そのもの」を軸として「還元問題」を考える。けだし，商品の「価
値」を規定する還元率を，複雑労働力の「価値」で説明するのでは，ベー
ム＝バヴェルクとは別の意味で，価値を価値で説明する「循環論」に
陥らざるをえず，クラウゼらと同様に「同時決定論」に固有の問題[4]を
抱えてしまうからである。以下まず，時期的に先行したヒルファディン
グの議論からみていくこととしたい。

第2節　「複雑労働力」の「価値」を重視する見解

ヒルファディングはいう。
　「単純な平均労働は単純な労働力の支出であるが，熟練労働または
複雑労働は熟練労働力の支出である。しかし複雑労働力をつくりだす
ためには，多数の単純労働が必要であった。これらの単純労働は，熟
練労働者の人格のなかに貯えられている。かれが労働しはじめるとき
はじめて，これらの養成労働は社会にとって流動的となる。労働者を
養成する人びとの労働は，（より高い労賃の形態であらわれる）価値
を移転するだけでなく，それに加えて，価値をつくりだす力をも移転
するのである。だから養成労働は，社会にかんするかぎり潜在的であ
り，熟練労働力が労働しはじめるまで現れない。だから，複雑労働力
の支出は，同時に複雑労働力のなかに凝結しているあらゆる多種多様
な単純労働力の支出を意味する」[5]（強調点－筆者）。
　ここには，複雑労働と熟練労働の混同という重大な問題点があるが，
いまの主題そのものではないのであえて無視することとする。さて，こ
のヒルファディングの文章から読みとれる主張は，次の3点にまとめる
ことができる。
　① 複雑労働力をつくりだす養成労働は単純労働である。
　② 養成労働は熟練労働者（複雑労働者）の人格の中に貯えられる。
　③ 熟練労働者（複雑労働者）が労働し始めると，潜在していた養成
　　労働は，その価値を移転するとともに，価値をつくりだす力をも移

転する。

③ の「価値をつくりだす力をも移転する」との語句は分かりにくいが，うえの文章の直後にヒルファディングが次のように述べていることから推測は可能である。ヒルファディングは，以下のように述べている。

「単純労働が熟練労働力を生産するために消費されることによって，一方では，単純労働は熟練労働力の労賃に再現するこの労働力の価値をつくりだすのであるが，他方では，その充用の具体的な方法によって新たな一使用価値をつくりだす。そしてこの新たな一使用価値の内容は，その育成に用いられた単純諸労働がもっていたすべての潜在諸力をもって価値をつくることのできる１つの労働力が存在するということである。こうして単純労働は，複雑労働をつくるために用いられるのだから，一方では新しい価値をつくりだすとともに，他方では，その生産物のうえに，新しい価値の源泉であるはずの使用価値を移転する」[6]（強調点 － 筆者）。

③ の「価値をつくりだす力」というのは「価値をつくりだす」という「使用価値」のことである。そして「価値をつくりだす」という「使用価値」を移転するとは，より具体的に捉えれば，「労働力そのもの」を移転する事態を表現したものであろう。

このように，養成労働による「使用価値」の移転の意味を，「労働力そのもの」を移転することと解釈し，あらためてヒルファディングの３つの主張を検討してみよう。すると，ごく素朴な疑問が３つの主張それぞれについて湧いてこざるをえない。

まず，① の「養成労働は単純労働である」との主張はどうであろうか。

いうまでもないことだが，養成労働を行なう主体は，すでに複雑な技能を身につけた複雑労働力の担い手である。複雑労働力の担い手が通常行なう労働は，これまたいうまでもなく複雑労働であって単純労働ではない。ヒルファディングは，複雑労働力の担い手が行なう労働は通常は複雑労働であるが，養成・教育において行なう労働に限っては，単純労

働を行なっていると主張するのである。

しかし，教育労働がモノをつくる通常の複雑労働ではないからといって，それを単純労働とみなすのは大きな誤りである。なぜなら，モノをつくらないという点では，教育労働は通常の複雑労働と異質の労働であるが，「他者による固有の養成・教育」を必要とするという点ではそれを「必要としない」単純労働とは決定的にことなるからである。むしろ教育労働は，モノをつくる複雑労働以上に単純労働から隔たっているのであり，それ自体特殊な教育を受けることなしに行なえない労働という意味で複雑労働の一種とみなすべきである。

次に，②の「『養成労働』は熟練（複雑）労働者の人格の中に貯えられる」という主張をみよう。

そもそも，複雑労働力を形成するのは「教育（養成）労働」なのであろうか。

たしかに人をモノや動物のようにみなして技能をたたきこむ，といった「調教」に近い「養成」のされ方もないわけではない。しかし，それは「人格」に貯えられるのではなく，「肉体」に貯えられるのであってそれだけでは「目的意識性」をもった労働は構成しえないのである。われわれが扱っている対象は技能一般ではなく労働であることを忘れるべきではない。労働においてはみずから学ぶものが真に学ぶのであり，「自発性」や「ヤル気」がむやみに強調されるのもその故とみるべきである。したがって複雑労働力を形成する主体はあくまでも教育を「与える」側ではなくして「受ける」側である。「教育」は補助手段にすぎない。複雑労働力のうちに貯えられるものがあるとすれば，それは「養成労働」ではなく「修業労働」ともいうべきものである。

最後に，③の「複雑労働者が労働し始めると，養成労働の価値を移転するとともに，価値をつくりだすという「使用価値」をも移転する」との主張をみよう。

まず，「養成労働の価値」は複雑労働者自身に貯えられているとされていることに注意すべきである。つまり移転する価値は労働の「客体」たる生産手段にあるのみでなく，労働の「主体」たる労働者自身のうち

にもあるのである。

いわば，ヒルファディンクの複雑労働者は，生産手段という「客体」に働きかけつつ，自分自身という主体にも同時に働きかけるのである。しかし，主体に働きかける労働というのは「形容矛盾」といわざるをえない。なぜなら「働きかける」対象は，概念上，客体にほかならないからである。

さらに「使用価値」の移転という論理は，全く理解に苦しむというほかない。「使用価値」はいわば「家」であり，「価値」は「人」である。「移転」とは「人」が動くのであって「家」が動くのではない。仮に，モンゴルのパオのように「家」が動くのだとしても，それは「移動」であって「移転」ではない。

以上，ヒルファディングの3つの主張はいずれも，マルクスの価値論に照らして重大な問題点を有することが明らかとなった。ヒルファディングに始まる「複雑労働力の『価値』を重視する見解」には大かれ少なかれ，こうした難点が付きまとっている。したがって少なくともそのままでは，それらを「還元問題」の解決手法として認めるわけにはいかないのである。ではもう一方の「「商品交換と労働の相互規定関係」を重視する見解」はどうであろうか。次にそれをみよう。

第3節 「商品交換と労働の相互規定関係」を重視する見解

ここでは，最も厳格な定式化を行なっているクラウゼの見解をとり上げる。

クラウゼの議論の要点は，その石炭と鉄のモデルに集約されている。それは次のようなものである[7]。

いま，鉄の道具を使って石炭を採掘している労働者と，石炭を燃料にして鉄を精錬している労働者がいるとする。1単位の石炭を採掘するには，2単位の生きた採掘労働が必要だが，その他に1/2単位の石炭と1/5単位の鉄が必要である。また，1単位の鉄を生産するには，3単位の生きた精錬労働が必要だが，その他に，1/4単位の石炭と1/2単位の

鉄が必要だとする。すなわち，

$$（2・採掘労働，1/2・石炭，1/5・鉄） → 1・石炭$$
$$（3・精錬労働，1/4・石炭，1/2・鉄） → 1・鉄$$
$$……（a）$$

ここでクラウゼは，自己消費される部分を左辺から右辺に移行し，

$$（2・採掘労働，1/5・鉄） → 1/2・石炭$$
$$（3・精錬労働，1/4・石炭） → 1/2・鉄$$

としたうえで，これを強引に連立方程式とみなし，解いてみせる。
まず，石炭の式を5倍にし，鉄の式を2倍にして鉄を消去する。つまり，

$$（10・採掘労働，1・鉄） → 5/2・石炭$$
$$（6・精錬労働，1/2・石炭） → 1・鉄$$

を辺々足して，
$$（10・採掘労働，6・精錬労働） → 2・石炭$$

とするわけである。
同様に，鉄の式を2倍にして石炭を消去する。すなわち，

$$（2・採掘労働，1/5・鉄） → 1/2・石炭$$
$$（6・精錬労働，1/2・石炭） → 1・鉄$$

を辺々足して，

$$（2・採掘労働，6・精錬労働） → 4/5・鉄$$

とする。これらを，公約数を除して整理すれば，

第2章 「還元問題」への一視角　**59**

　　（5・採掘労働, 3・精錬労働）　→　1・石炭
　　（2.5・採掘労働, 7.5・精錬労働）　→　1・鉄
　　……（b）

となる。

　これによって, 石炭生産と鉄生産はどちらも採掘労働と精錬労働に帰着したわけである。

　しかし, 採掘労働と精錬労働は異種労働であるから, これを共通単位に還元する必要がある。ここでは, 採掘労働を精錬労働に還元する。

　いま, 採掘労働の精錬労働への「還元率」を α とし, 投下労働量に従って, 交換がなされると仮定すると, 交換比率 Z は,

$$Z = （5\alpha + 3） / （2.5\alpha + 7.5） \cdots\cdots （c）$$

となる。

　ところが, これだけでは, 交換比率 Z と, 還元率 α の相互関係が分かっただけで, どちらも決定することはできない。決定するにはもう1つの方程式が必要である。

　そこでクラウゼは,「過去の労働」を考慮するまえの段階, すなわち「生きている労働」のみがさしあたり労働とみなされている段階にまで立ちもどる。そこでは,

　　（2・採掘労働, 1/2・石炭, 1/5・鉄）→　1・石炭
　　（3・精錬労働, 1/4・石炭, 1/2・鉄）→　1・鉄

として石炭と鉄の関係が現われていた。

　それによれば, 1単位の石炭の生産に必要な「生きている」採掘労働は2単位であり, 1単位の鉄の生産に必要な「生きている」精錬労働は3単位である。ここで, 採掘労働を精錬労働に還元するなら, 1単位の石炭に必要な「生きている」精錬労働は 2α 単位で, 1単位の鉄の生産

に必要な「生きている」精錬労働は 3 単位である。

　もし，1 単位の石炭が Z 単位の鉄と「生きている労働」のみによって交換されるとするなら，

$$Z = (2/3)\ \alpha \ \cdots\cdots\ (d)$$

が成り立つ。

　これが，クラウゼが推奨するもう 1 つの方程式であり，彼は，この (c) と (d) を解いて還元係数をえる方法を，スラッファの「標準体系」の双対であることにちなんで「標準還元」と呼ぶ。うえのばあいについて実際に解くと，

$$\alpha = 3/\sqrt{5} \ \cdots\cdots\ (e)$$

以上の (a) から (e) に至るクラウゼの論理を再度まとめると，次のようになろう。

① 還元係数を未知数のままにして諸商品の交換関係を代数方程式で表わす。

②「生きている労働」のみにもとづいて交換がなされたばあいの方程式を ① の方程式に追加する。

③ 2 つの方程式を連立させて，「標準還元」のばあいの還元係数を導出する。

　このクラウゼの議論で，最も奇妙なのは ② の論理である。この ② の論理は「過去の労働」を無視している点で通常の労働価値説といえないことはいうまでもないが，労働以外の「物的生産要素」の「交換比率」への反映を全く認めない点で，あらゆる価値論，価格理論と整合しない。

　おそらくクラウゼは，スラッファの「商品による商品の生産」になぞらえて「労働による労働の生産」を考え，インプットの商品バスケットとアウトプットの商品バスケットを等しいとおくスラッファの標準商

品に対応して，直接・間接の労働の還元率と直接的労働の還元率とが等しくなる体系として「標準還元」を構想したのであろう。

　しかし，「生きた労働」のみによる還元という設定は，たとえ数学的に「厳密」なモデルであったとしても「非現実的」といわざるをえない。スラッファの「標準商品」のばあいには，まだしもリカードの穀物モデルというより現実的な対応物が存在した。クラウゼの「標準還元」にはそうした現実的な対応物は存在しない。鉄と石炭のモデルはそれだけでは「標準還元」のモデルではなく，それが「標準還元」のモデルとなるためには，「生きた労働」のみによる還元というおよそ非現実的な想定を必要とするからである。

　総じてこの潮流の議論は，「流通表面」という，「価値」と「労働」とが直接には結合して現象しない領域にこだわるあまり，「労働価値説」ではないたんなる「価値論」か[8]，価値論とはいえない「労働‐交換」論のいずれかに向かい，「労働論」と「価値論」とが分裂しがちになる。クラウゼの議論はその典型といえよう[9]。

第4節　還元率の「実証的導出」の試み
——泉弘志氏の所説をめぐって——

　第2節で扱ったヒルファディングの議論と，第3節で扱ったクラウゼの議論は，マルクスを擁護する立場から還元問題を解決しようとした2つの潮流を代表している。そして，そのいずれにも重大な難点があった。

　しかし，ここで，あえてどちらの流れがより正しい方向性を示しているか，と問われれば，われわれの答えは前者である。「他者による固有の教育労働」の有無が，複雑労働と単純労働を区別する最も本質的な契機であり，「教育労働」への言及なしには還元問題は論じえない，と考えるからである。

　その意味で，ヒルファディングの流れに立ちながら「還元率」（換算係数）を実際に算出しようとした泉弘志氏の試みは注目に値する[10]。

　泉氏は，まず，学校教育における修業労働，教育労働について，新堀

通也氏の編著『学歴』のデータをもとに，高校や大学での教育の内容の
うち，専門的技術的職業についたものについては6割，それ以外に従事
したものについては4割が生産のために役立っていると仮定する。そう
しておいて，高校卒業後，定年まで37年間勤務する労働者のケースを
次のように考察する。

泉氏は，高校生は本人みずからが修業労働を行なっているとして，そ
れを3×1人年と計算する。さらに，高校生1人あたりの教職員数は0.06
人であるから，1人あたり3×0.06人の教育労働が投下されていると
する。また，1人あたり約2万円教育用設備資材が使われており，これ
は3×0.01人の労働投下にあたるとする。

ここから，専門的技術的職業に従事したばあいの1年分の労働は，

$$1 + (3 (1 + 0.06 + 0.01) \times 0.6) / 37 = 1.052$$

となる，というのである。

以上のような泉氏の研究は，同種のものが皆無に近いだけに貴重で
ある。

しかし，この議論には，ヒルファディングの議論にも通じる次のよう
な問題を指摘せざるをえない。

（1）「勤続年数で除する」という操作について

まず，労働の複雑度を計るさいに，「勤続年数」というファクターは
はたして必要だろうか。技能を身につけた労働者の複雑労働は，その労
働者が1年勤めただけで事故で亡くなろうと，80歳まで現役で働きつ
づけようと，勤続年数とは無関係に同じ複雑度を示すのではなかろう
か。これは，平均すればよいといった「量」の問題ではなく「質」にか
かわる問題である。

（2）「教育労働の「移転」」について

ヒルファディングについても述べたことだが，価値移転のアナロジー

で複雑労働を捉えると，労働者の「主体性」を著しく低く評価することになりかねない。泉氏の議論では，修業労働が加算されているとはいえ，教育労働の部分については，生産労働者は抱えもっていた教育労働を現場で放出するだけの，いわば「運び屋」的存在におとしめられている。これでは，価値の「移転」と「付加」が混同されかねない。

（３）「修業労働の位置づけ」について

さらに，せっかく導入している「修業労働」の位置づけがあいまいである。修業労働を一種の「自己教育」とみるのであれば，それによって複雑労働者の労働に価値が加わるとみるのは不自然である。「自己教育」は労働ではない。修業期間中の生活費を稼ぐための労働ということであれば理解はできるが，そのようには書かれておらず，結局きわめて不明確というほかないのである。

以上の（１）〜（３）の問題点から判断して，残念ながらわれわれは泉氏の結論を認めることができない。総体として，この泉氏の議論は複雑労働の「賃金」を規定する「費用計算」としての意味はあっても，価値論の一領域としての「還元問題」との接点は消えているといわざるをえないのである。

第５節　複雑労働による単純労働の「表現」
——「現象形態」としての複雑労働——

それでは，「還元問題」の解決にはどのような展望があるのだろうか。われわれはそれを，「現象形態」として「複雑労働」を捉える観点に求めたいと思う。

「複雑労働」を「単純労働」に変える「還元」のプロセスは見方を変えれば「単純労働」によって，量的に「複雑労働」を表現するプロセスと捉えることができる。すなわち，このばあい，「単純労働」は「複雑労働」の表現様式となっている。しかしこのことは，「単純労働」が「複雑労働」の「本質」ないし「実体」であることを意味しない。「単純労働」

も「複雑労働」も，その実体は抽象的人間労働なのであり，どちらも実体たる抽象的人間労働の具体的形態なのである。だとすれば，価値形態論における「逆の連関」の論理と同様に，A の B による表現は，その逆の B の A による表現を含むとはいえないだろうか。すなわち「単純労働」による「複雑労働」の「表現」＝「還元」はその逆の「複雑労働」による「単純労働」の表現を含む，のではなかろうか。

　こうしたことを問題にするのは，複雑労働の養成・教育の場において，「複雑労働」による「単純労働」の表現が現実に行なわれていると考えるからである。それを行なうのは教育労働者である。すでに明らかにしたように，教育労働は「単純労働」を「複雑労働」に転換する主体ではない。転換の主体は教育を受ける修業中の労働者である。しかし，教育労働者は「単純労働」の「複雑労働」への転換を「方向づける」働きをする。この「方向づけ」のための重要な手段が「複雑労働」による「単純労働」の表現である。

　やや，職業教育から離れるが，外国語の教師がごく日常的な内容の日本語会話を外国語によって表現することで生徒に強い方向づけを与えることができるのと同様である。いわゆる「形から入る」という学び方は，謙虚さに支えられているかぎり，うえの意味で合理的な根拠をもっている。

　教育における複雑労働と単純労働のこうした関係性は，次のような伝統工芸の修業プロセスにも認めることができる。それは，先の泉弘志氏が紹介している与論島の大島紬の事例である。まず，泉氏の文章を引こう[11]。

　「大島紬の職工の場合，経験の無いものが初めて織ると経験者に教えてもらいながら1反織るのに6ヵ月程かかる，それが2年間続けていると2ヵ月程で織れるようになり，10年めには1ヵ月たらずで織れるようになる。しかしその後はそれ以上のスピードはあがらない。なおこの場合最初に織ったのもベテランになってから織ったものも質はほとんど変わらない，かえって最初に織った時のほうがていねいに織っているので美しい仕上がりになっている場合が多いくらい

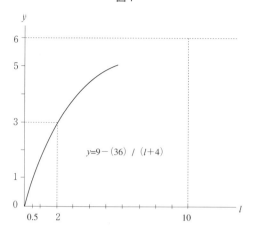

図1

である。」

泉氏は、注で、この話は1978年7月3日に与論島の紬職工養成所で聞いたと書いている。この事例が貴重なのは、複雑労働の形成過程が「時間」と「労働効率」の関数として明瞭に述べられているからである。

この過程は、1年目から2年目についてならば、労働効率をy、時間をtとして、「初心者が経験者に教わりながら6ヵ月かけて織る」という記述から、原点と$(0.5, 1)$および$(2, 3)$の3点を通る、

$$y = 9 - [36/(t+4)]$$

という分数関数で表現される（図1）。

問題は、このばあいの経験者に教わりながら行なう労働が複雑労働なのか、単純労働なのか、ということにある。

初心者の「単純労働」が、経験者の指導によって「複雑労働」として構成されるのであるから、一見するとこれを、単純労働による複雑労働の「表現」とみなしてもよいようにみえる。しかし、このばあいの「単純労働」は、修業労働者の主観においてこそ「単純労働」ではあっても、

客観的には「複雑労働」の一部としてすでに現象しているのである。つまり，「複雑労働」の構成要素としての「単純労働」は，構成要素として位置づけられたその時点ですでに，「複雑労働」としての形態規定性を付与されているのである。したがって，初心者の織布労働は，「単純労働」による「複雑労働」の表現ではなく，それとは逆の「複雑労働」による「単純労働」の表現にもとづいたプロセスなのである。前述したように，それを行なうのは経験者の指導，すなわち教育労働である。

とはいえ，労働している初心者の主観においては，それは単純労働でしかないのであるから外見とは裏腹に，労働の「内容」においては単純労働とみなすべきであろう。

以上の考察をまとめるなら，経験者の指導にもとづく初心者の織布労働は「現象形態」としては複雑労働だが，「内容」もしくは「本質」としては単純労働である。したがって，この養成・教育の期間は，修業労働者にとっては，「内容」と「形式」との不整合をはらみつつ「形式」による方向づけを手がかりに「内容」を「形式」に近づけていく過程とみることができる。

ところで，複雑労働を単純労働によって表現するということは，量的には，複雑労働が実際よりも「長い労働時間」の単純労働として現われるということである。それでは，先ほどから問題にしている「単純労働を複雑労働で表現する」ばあいはどうなるのであろうか。

きわめて形式的に考えれば，複雑労働の単純労働による表現の逆であるから，単純労働が「短い労働時間」の複雑労働として現われるということになろう。さらに，ここで労働効率が労働時間の逆数であることに注意すると，これもきわめて形式的だが，単純労働が「高い労働効率」の複雑労働として現われるということになる。

先ほどの2年目以前のグラフを将来に向かって延長していくと，点$(8, 6)$で$Y = 6$のグラフと交わったあと，$Y = 9$の漸近線に近づいていく。つまり複雑労働で表わされた単純労働のグラフを機械的に延長し，熟練が完成した状態を想定すると，複雑労働の1.5倍の「労働効率」すなわち複雑労働の2/3の「労働時間」として単純労働が表現されるというこ

図2

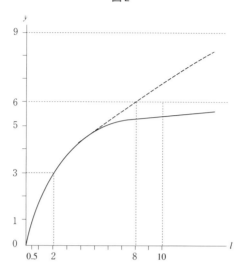

とである。グラフで示せば，図2のようになる。

第6節　むすびにかえて

　以上の形式的な議論をそのまま結論に結びつければ，大島紬の織布労働の還元係数は1.5ということになる。とはいえ，これが試論にとどまることは強調されなければならない。より厳密な理論の構築は，なお今後の課題である。

注

1）ベーム＝バヴェルグ『マルクス体系の終結』（大本幸造訳），未来社，1969 年，142 ページ。

2）もちろん，この 2 つの潮流のいずれにも属さない第 3 の「道」を摸索する試みも少なからず存在している。和田豊氏の「価値比例説」の展開もその 1 つであろう（和田豊「異動労働の社会的平均労働への還元」，『経済科学』（名古屋大学）第 33 巻第 2 号，1986 年 2 月）。ただ，和田氏が単純労働を「社会的平均労働」に読み替えようとされる点については疑問が残る。単純労働が「平均概念」であることはマルクスが指摘しているとおりであろうが，それは単純労働のみにかんする平均なのであって，複雑労働と単純労働を平均しているのではない。まして，本来部門内で用いられている「社会的平均」の概念を部門間の概念に押し広げるのは慎重さに欠けるといわざるをえない。

3）このプロセスは，スターリン時代に粛清されたロシアの経済学者ルービンの復活として表現されることが多い。しかし，ルービン自身は，こと「還元問題」にかんするかぎり，ヒルファディングと同様に「養成・教育」の過程を強調している（ルービン, I.『マルクス価値論概説』（竹永進訳），法政大学出版局，1993 年，第 15 章）。

4）同時決定論の問題点は，本来抽象レベルのことなる範疇を同一の抽象レベルに無理やり並列させる方法そのものにある。よく知られているように，マルクスのいわゆる「上向法」は，複雑な範疇と単純な範疇とを同列に並べる議論を徹底的に排除する。他の経済学者はどうあれ，マルクスについてだけは，その論理を同時決定論で表現すべきではない。

5）ヒルファディング, R「ベーム＝バヴェルグのマルクス批判」スウィージー, P. M. 編『論争・マルクス経済学』（玉野井芳郎・石垣博美訳），法政大学出版局，1969 年，175 ページ。

6）同上。

7）クラウゼ, U.『貨幣と抽象的労働——政治経済学の分析的基礎』三和書房，1985 年，77 〜 81 ページ，および 91 〜 93 ページ。

8）日本においてこうした潮流を代表した広松渉氏は，次第に労働価値説の

「労働」の側面を脱落させていったように思われる。浅見克彦氏はこの点に関連して「なぜ，それでも労働価値説なのか」と問うている（浅見克彦「労働価値論と『四肢構造』論」，『廣松渉の世界』状況出版，1994 年，87 ページ）。

9）クラウゼは「標準還元」を論じるまえに，数学の推移率を用いて，価値形態と貨幣を論じている（クラウゼ前掲書，第 2 章，第 3 章）。しかし，両者は全くといってよいほど内的関連をもたない。

10）泉弘志「複雑労働の単純労働への換算係数について」『大阪経大論集』第 125 号，1978 年。

11）同上，21 ページ。

第3章 形態Ⅱから形態Ⅲへの移行について
──「結合」＋「逆転」としての再解釈の試み──

拙論の要点

　形態Ⅰが結合して形態Ⅱになるように，形態Ⅱも，「共同行為」の第一歩として，まずは結合すると考えるべきである。形態Ⅱが結合するということは，相対的価値形態にある商品が，ともに相対的価値形態の立場に立ちつつ，同じ等価形態の列を共有することだから，結合のたびに，等価形態から相対的価値形態に商品が移行することとなる。この結合運動は，最終的に，最後の商品X以外の商品がすべて相対的価値形態に移行した事実上の形態Ⅲと，商品Xの形態Ⅱの2つの形態に帰結する。ここで初めて「逆転」が起こり，商品Xの形態が事実上の形態Ⅲに「重なる」ことで，形態Ⅲが完成する。

「補強」の論理

　「逆転」の前の「結合」の論理。

第3章 形態IIから形態IIIへの移行について
──「結合」＋「逆転」としての再解釈の試み──

は じ め に

　金という商品は，「貨幣になったが故に欲せられるようになった」の
であって，「商品としてもっとも欲せられたが故に貨幣になった」ので
はない。

　『経済学批判』でマルクスは，次のような興味深い叙述をしている。

　　「金銀は……きわめて軟らかいので，生産用具として利用すること
　ができず……直接的生産過程の内部では……役に立たないのである
　が，これと同様に，生活手段として，消費の対象として現われる場合
　にも，なければなくてもすむものである。だから金銀は，直接的な生
　産と消費との過程をそこなわずに，どんなに任意の量ででも社会的流
　通過程にはいることができるのである。」[1]（強調点－筆者）

　マルクスがいうように，金（銀）は，商品としては「役に立たない」，「な
くてもすむ」ものである。しかし，だからこそ，「生産と消費の過程を
そこなわない」という貨幣としては有利な性質を備えているということ
ができる。

　「商品としての使用価値（有用性）が少ない」ことが，かえって「貨
幣商品としての有利な特性」につながるという『経済学批判』の論理は，
何故か『資本論』にはそのままの形では継承されていない。

　しかし，金（銀）は「最もよく選ばれた（欲せられた）」が故に貨幣
になったのではなく，むしろ逆に「最も選ばれなかった（欲せられな
かった）」が故に貨幣になったのだという，『経済学批判』のこの「逆
説」は，『資本論』では，より高次の形態で再生されようとしていたの
ではないか。

　本稿でわれわれが示したいのは，この事実である。われわれは，その

「高次の形態（より抽象的・本質的な形態）」こそ，価値形態論における形態Ⅱから形態Ⅲへの移行の論理（およびその具体化としての形態Ⅲから形態Ⅳへの移行の論理）であると考える。ただし，マルクスの論理には重大な「補足」（「結合」プロセスの導入）が必要なのであるが。

　以下，まずこの点に関する従来の諸説を検討し，そのうえで，われわれの積極説を展開することとしたい。

第1節　従来の諸説の検討

1　「不充分性」と「可能性」の指摘をもって，「必然性」の論証とみなす所説

　よく知られているように，『資本論』においてマルクスは，商品からの貨幣の発生を，価値形態論と交換過程論の2ヵ所で説いている。この説明の「重復」を不必要として後者の前者への「埋め込み」を企った宇野弘蔵に対して，両者の「課題」と「次元」の違いを強調し，断固としてマルクスの方法を擁護しようとしたのが久留間鮫造であった。久留間によれば，価値形態論は「分析的・一面的」であって貨幣形成の「如何にして」が扱われるのに対し，交換過程論は「総合的・全面的」であって，貨幣形成の「何によって」が扱われるのである[2]。この議論の前提には，これまたよく知られているように，「商品所有者」と「欲望」の契機を価値形態論に積極的に導入しようとする宇野に対し，それを「本来の課題を解決するうえでの重大なさまたげ」[3]として峻拒する久留間の強い主張が横たわっている。

　こうした久留間説に立つ論者にとっては，価値形態論における形態Ⅱから形態Ⅲへの移行を「商品所有者の欲望」という交換過程論の舞台設定を用いて説明するなどということは，宇野説への「譲歩」として忌避されねばならない。

　事実，久留間は，やや立場の異なる尼寺義弘を批判して，「第二形態から第三形態への移行にしても……なんらかの『動力』が必要であると

第3章　形態Ⅱから形態Ⅲへの移行について　**75**

は考えられません。……『動力』という代わりに……各形態の終りにその形態の欠陥と次の形態への移行の意味を書くだけでは満足できないのでしょうか？　あるいは……形態の発展にはこれこれの意味があるのだということを注意するだけでは不満なのでしょうか？」[4]と述べている。

しかし，その尼寺にしても，移行の「動力」を「価値概念と価値の定在様式との矛盾」[5]に求める点に独自性はあるものの，「欲望」の契機を峻拒し，移行の説明の内容を「不充分性」と「可能性」（久留間の表現では，その形態の「欠陥」と次の形態への移行の「意味」）の指摘にとどめている点では久留間と同様である。

尼寺は次のように述べる。

「B（形態Ⅱ）は商品の全面的な社会性を表現するにはいまだ不·充·分·である。……だからBは……いっそう完全な価値形態へ移行せざるをえない不可避性をもっている。」，「Bは自分自身のうちに『逆の連関』で，潜在的により高次な価値形態をふくんでいることがわかる。そのことは，Bがすべての商品の価値を唯一の商品で表現する価値形態へ移行しうる可·能·性·（条件）をもっていることを示している。」[6]（以上，強調点－筆者）

尼寺は，「移行の必然性」の論証をあえて価値形態論の課題から外そうとする久留間に対し，論証を価値形態論の課題と認めている点で久留間のあいまいさを一歩超え出ている。しかしそのために尼寺は，「不充分性」と「可能性」の指摘をもって「不可避性（必然性）」の論証に代置するという誤りを犯した（何故誤りかは後述）。誤りを犯すまいとしてあいまいさを残した久留間と，あいまいさを払拭しようとして誤りを犯した尼寺とは，ともに「移行」の説明の内容を「不充分性」と「可能性」の指摘にとどめている点で，共通しているのである。

この点では，久留間の宇野批判を不徹底とし，久留間以上に「欲望」の契機の排除を主調した武田信照の場合も同様である。

武田はいう。

「価値概念とその定在様式の矛盾こそ移行の根本動力だといってよ

い。……形態Ⅰから形態Ⅱへの価値形態の発展の必然性は，このように次の形態に移行する必要とその可能性を明らかにするという二重の理論的作業を通して解明されている。」（強調点－筆者）

「形態Ⅱから形態Ⅲへの移行の論証も，形態Ⅰから形態Ⅱへの移行の場合と同じ理論構造をもっているのである。」[7]

みられるように，「必要」（「不充分性」）と「可能性」の指摘をもって，「必然性」の論証と代置している点で，武田は尼寺と異なる所がない。

それでは，こうした尼寺や武田の論理は受け容れうるであろうか。先に示唆したようにわれわれの答は否定的である。

現状が「不充分」で「欠陥に満ち」ており，移行することが「望まし」くかつ「可能」だとしても，それだけで移行の「必然性」が論証されたことにはならない。

誰もが，核兵器のない社会が「望ましい」ことを知っている。また，作らず，持たず，持ち込ませず，の３原則の実行に，おそらく既存兵器の解体を加えれば，核兵器のない社会は「可能」であろう。

にもかかわらず，「望ましく」て「可能」なだけでは，廃絶の「必然性」が論証されたことにはならないのである。いうまでもなく「可能性」が「現実性」に転化することを妨げる障害（「抑止力論」etc）が存在し，それを克服できずに，人類が「自滅」する可能性も捨て切れないからである。

現実の「欠陥」とよりよい状態へ移行する「可能性」の指摘とが「必然性」に転化するためには，障害を克服する具体的な「道筋」が示されねばならない。

高い木の葉を食するには，首が長いことが「望ましい」からといって，それだけではキリンの首が長くなった「必然性」の説明にはならない。首は伸ばそうと思って伸びるものではないからである。何万世代にもわたって完成するその「道筋」の骨格を明らかにしたものこそ，ダーウィンの「自然選択説」に他ならない。現実の「欠陥」と「可能性」の指摘をもって「必然性」の論証とみなす議論は，移行，生成，発生，進化等をめぐる科学を，ダーウィン以前の「目的論」的次元に引き戻すものと

いえよう。

すなわち，久留間，尼寺，武田らの議論では，形態Ⅱから形態Ⅲへの移行の「障害」（後述するようにそれは，すべての商品が一般的等価たろうとするが故に価値表現そのものが自己否定される事態——すなわち『初版』本文の形態Ⅳの発生を意味する）を克服する具体的な「道筋」が明らかになっていないのである。

しかし，この点は，『資本論』においても充分に明らかになっているとはいい難い。このため，この「障害」（『初版』本文の形態Ⅳの発生）の克服を，交換過程論の論理もしくはその舞台設定である「商品所有者の欲望」を導入することで果たそうとする論者が多く登場してきた。次にそうした論者の主張をみよう。

2 交換過程論の論理を「先取り」的に導入する説（もしくは交換過程論に「先送り」的に委託する説）

宇野の場合には，形態Ⅱから形態Ⅲへの移行を，交換過程論の論理を導入して説明することは，その方法論からいって本来当然といってよい。

ところが，宇野本人のこの点についての説明は，意外なことに，「商品所有者の欲望」を直接導入せず，われわれが冒頭で指摘した「逆説」と同様の，「日常生活に直接必要のない商品」，「直接的欲望から遠いもの」が「共通の等価物としてあらわれる」といった説明となっている。

とはいえ，そのさい背後に置かれているのは，『資本論』の段階での価値形態論の論理ではさらさらなく，『経済学批判』の段階に引きつけて理解された交換過程論の論理とみるのが妥当であろう。

宇野はいう。

「商品の所有者は，元来，いずれも自己の商品の使用価値が，等価形態にある商品の欲するところであるか否かに関係なく，その商品の価値を相手の商品の使用価値として実現しようとするものである。しかも自らこれを実現し得るものではない。また相手の商品所有者も同様に自己の商品を自己の欲する使用価値に対してのみ譲渡せんとす

るものであって，商品の価値と使用価値との対立は，その商品範囲の拡大するにしたがってますます困難とならざるを得ない。しかしまたこのことは他面ではこの困難を解決する途をも開くものであった。すなわちあらゆる商品の拡大されたる価値形態においてつねにその等価形態におかれる商品の出現がそれである。」[8]

宇野はこのように，形態Ⅱから形態Ⅲへと移行するさいの決定的な契機を，「拡大された価値形態において，つねにその等価形態におかれる商品の出現」に求める。しかしその商品が，何故「つねに等価形態におかれる」のか，その理由を宇野は説明していない。その代わり，「注」において，「それぞれの商品の所有者によって共通的に等価形態におかれる商品は，逆説的に聞えるかもしれないが，むしろ日常生活に直接必要のない商品，あるいは直ちに消費せられるものではないというような商品となる傾向を有する」（強調点－筆者）と述べて，その根拠に，(1) 余剰物から商品となる，商品発生の歴史的傾向，と (2) 直接的消費のための使用価値は商品所有者によってその重要性を異にする，の2点を挙げている[9]。

しかし，この (1) と (2) は，説得的だとはいえない。宇野の価値形態論が「商品所有者の欲望」を前提にする以上，「つねに等価形態におかれる商品」とは誰からも「欲せられる」商品であるはずである。(1) にいうような余剰物が，誰からも「欲せられる商品」からほど遠いことは明らかである。また「商品所有者によって重要性を異にする」のも，「日常生活に直接必要のない商品」の方が「直接的消費のための商品」よりもはなはだしいとみるのが，常識的な判断であろう。この「注」は本文の論理に即して理解しようとする限り，常識とははなはだしく隔っているのである。

このためか，その後の宇野派の諸論者は，形態Ⅱから形態Ⅲへの移行の説明に「欲望の契機」を導入することを，宇野ほど躊躇しない。

「価値等式の拡大はおのずから各商品所有者によって共通に消費欲望の対象とされるような商品種類の登場をもたらす。」[10]（強調点－筆者）〔武井邦夫〕

第3章 形態Ⅱから形態Ⅲへの移行について **79**

「リンネル・グループにおいては，茶は直接の有用性として交換を
求められると同時に，他の商品一般にたいする直接交換可能性という
追加的な有用性をもつものとしても等価形態におかれる」[11]（強調
点－筆者）〔山口重克〕

「交換の効率という観点からみて積極的な意味をもつのは，その商
品が直接的欲求の対象として多様な種類の商品所有者から頻繁に交
換を求められているということであろう。」[12]（強調点－筆者）〔小
幡道昭〕

ところで，興味深いのは，簡単な価値形態における「価値表現のメカ
ニズム」の理解においては，宇野派と厳しく対立し，「欲望の契機」を
峻拒するいわゆる「正統派」の論者においても，こと形態Ⅱから形態Ⅲ
への移行に関しては，事実上宇野派と同様に，交換過程論の論理の「先
取り」（もしくは交換過程論への「先送り」）を許容するケースが多いこ
とである。

松石勝彦は，そうした論者として飯田繁以下六氏を挙げているが[13]，
松石自身も「マルクスは交換過程で価値形態論における一般的価値形態
Ⅲの一般的等価形態と貨幣形態Ⅳの両方をといている」[14]と述べ，Ⅱか
らⅢへの移行の論証が，交換過程論に「先送り」され，そこでなされて
いることを認めている。「交換過程論で説かれる」ということはとりも
なおさず，「価値形態論では説かれていない」，もしくは少なくとも「充
分には説かれていない」ということである。

『資本論』の価値形態論において，ⅡからⅢへの移行が「充分に説か
れていない」ことはわれわれも認めよう。しかしそのことと，Ⅱから Ⅲ
への移行の論証を交換過程論に求めることとはまったく別の事柄であ
る。われわれは前者は認めても，後者は許容できない。ⅡからⅢへの移
行はもちろん，ⅢからⅣへの移行も，「商品の分析」すなわち価値形態
論で「説かれるべき」であって，交換過程論はそれを前提にしてはじめ
て成り立つのである。

ここではしかし，われわれの積極説にはまだ立入らず，まず，Ⅱから
Ⅲへの移行が「固有の困難」を有し，「逆の連関」もそのままでは「成

立せず」，故に交換過程論における「全面的交換の矛盾」の論理の媒介を経てはじめて論証しうると，最初に明確に主張した富塚良三の所説を検討し，そのうえで，こうした立場の問題点を指摘することとしよう。

富塚はその『経済原論』で，「価値等式が『逆の連関』を含んでいる」というマルクスの主張を次の2点で批判する。富塚によればこのマルクスの論述は，第1に，「価値等式における左辺の商品と右辺の商品の根本的な相違を強調するマルクス自身の論旨に照らして疑問」である[15]。さらに第2に，もし仮にそうした論法が成り立つとすれば，すべての商品が同時に「一般的等価」たりうることになってしまう（いわゆる『資本論』初版本文の「形態Ⅳ」）[16]。

従って，第二形態から第三形態への移行の問題は，価値形態論においては，「第二形態の欠陥の指摘」に止めるべきであって，それはあらためて交換過程論において「全面的交換の矛盾」として論じられるべき問題である[17]。

以上が，富塚説の骨子である。富塚説の特徴は，まず (1) 価値形態論におけるⅡからⅢへの移行には「本質的な困難」があり，それは初版・本文における形態Ⅳの発生に集約的に表現されていると主張している点，および (2) その困難を克服するためには，交換過程論の全面的交換の矛盾の議論を待たねばならないとしている点，さらに，それに付随して (3) マルクスの「逆の連関の論理」を否定している点の3点にまとめられよう。

第1の「形態Ⅳの発生という困難」の指摘には，われわれも賛成である。しかし，第2の，ⅡからⅢへの移行の説明を交換過程論まで「先送り」すべきだとしている点，および第3の，「逆の連関の論理」の否定は首肯しえない。

最後の「逆の連関」の問題は重要であるが，本稿では充分に扱えない。別稿に譲る他ないが，われわれの基本的立場のみを示すならば，それは次のようにまとめうる。

価値の大きさが等しく，使用価値が異なるのであれば，どのような2商品のあいだにも簡単な価値形態は成立しうる。AがBに等しいと

いうことは Ȧ と B の価値の大きさが等しく，Ȧ と B との使用価値が異なることを意味し，これはとりも直さず，数字でいう反射律によって，Ḃ と A の価値の大きさが等しく，Ḃ と A の使用価値が異なることを意味し，Ḃ は A に等しいという命題を同値関係として含むのである。

とはいえ，先にも述べたとおり，ここではその点の全面的検討をする余裕はないので，本稿の主題である交換過程論への「先送り」の問題に論点を絞ろう。

ここで注目すべきなのは，富塚が，価値形態論から交換過程論へと「先送った」「説明」を，当の交換過程論で，どのようにおこなっているか，である。

富塚は『経済原論』第一章第4節「交換過程」において，次のように述べている。

「すべての商品所有者が自己の商品を他のすべての諸商品に対する『一般的等価』たらしめようとすることによる『全面的交換の矛盾』は，すべての商品所有者が自己の商品についていだく欲求と正反対の関係を成立せしめることによってのみ解決される。相互に他を否定する交換過程の矛盾に直面した諸商品は，その矛盾の極み，どれか1つの商品――それは，事実問題としては，諸商品に対する等価の位置に最もしばしば置かれる商品となろう――を商品仲間のなかから排除して，それに『一般的等価』たる形態規定をあたえ，一般的等価たるその一商品との対立的な連関を通じて，相互に諸価値として関連しあうこととなる。」[18]

ここで「欲求と正反対の関係」とは，自商品を一般的等価たらしめようとする欲求と正反対の関係，すなわち「自己以外の商品が一般的等価となる関係」を意味するのであろう。しかし，欲求が裏切られて，正反対の結果をうみ出すプロセスがいまひとつ明確でない。また，当の一般的等価となる商品そのものに限っては，「欲求と正反対の関係」ではなく「欲求がそのまま実現した関係」のはずである。さらに「等価の位置に最もしばしば置かれる商品」が「一般的等価」となるのであれば，「等価の位置に置かれる」「回数」を指標にした「競争構造」もしくは「序

列化の論理」を想定していることになり，「排除」する主体は諸商品の側ではなく，「一般的等価」の側になってしまう。

　とりわけ最後に指摘した点は，「一般的等価」もしくは「貨幣」となる商品を，その他の諸商品が「排除」するとみなす『資本論』の論理と決定的に背馳する。

　すなわち，富塚らの議論には，諸商品が一般的等価となる商品を共同で「排除」するのではなく，逆に一般的等価となる商品が，他の諸商品を「排除」して唯一自らの欲求を実現するという，「共同作業」とは似ても似つかない「弱肉強食」の論理が内包されているのである。

　この帰結は，交換過程論の論理を「先取り」にせよ，「先送り」にせよ前提し，「等価形態に最もしばしば置かれた商品を一般的等価とする」という論理に立つ限り，避け難いといわねばならない。なぜなら，交換過程論の全面的交換の矛盾には，「すべての商品が一般的等価たろうとする」契機が含まれており，そうである以上，「最もしばしば等価形態に置かれよう」とする欲求も例外なくすべての商品が持ち合わせていて区別がなく，数量的に「序列化」する以外に選択の方法がないからである。

　一般的等価の選択は，すべての商品が一般的等価たろうとする交換過程論の論理次元よりも，抽象的・本質的な次元，すなわち価値形態論の次元で完了していなければならない。どの商品が一般的等価となるかが，次元の異なる，より本質的なレベルで決定されているからこそ，交換過程論の次元での諸商品の統一した行動として，「排除」のプロセスが可能になるのである。

　そもそも資本主義は「弱肉強食」の世界だから，「数量的序列」に基づく「競争」によって貨幣が導出されても何ら不自然ではないという反論はありえようが，資本主義の競争とは本来，剰余価値，ないし価値増殖の度合をめぐる競争，すなわち価値をめぐる競争であって，使用価値をめぐる競争ではないはずである。一般的等価をめぐる競争は，仮にあるとしても，使用価値をめぐる競争とならざるをえない。なぜならそれは，価値の等しい等価物どうしの競争だからである。しかしそれは，特

殊歴史的な生産様式である資本主義の基軸を担う価値形態の説明原理
として果して適切であろうか。断じて否である。

　ここに交換過程論の論理を「先取り」的に導入する説（もしくは交換
過程論に「先送り」的に委託する説）の難点が集約的に示されている。

　すなわち，特殊歴史的な形態規定である価値（この場合，価値形態の
発展）を，超歴史的な範疇である欲望の対象としての使用価値（この場
合には，等価形態の使用価値をめぐる競争）で説明しようとしている点
に，である。

3　(1)，(2)，いずれでもない所説

　「不充分性」と「可能性」の指摘をもって「必然性」の論証とみなす
目的論的な論理にも，価値を使用価値で説明するような，交換過程論を
援用した論理にも飽き足らず，それらのいずれでもない考え方を模索し
た試みが，これまでなかったわけではない。

　そのなかには，「当事主体の即自的な意識にとってみれば，第二形態
と第三形態とは同一事であるが……フュア・ウンスな学知にとっては，
両者は異相である」[19]とする広松渉の所説や，第二形態における「受動
的な共同行為」が，第三形態における「積極的共同行為」に「主体化」
するプロセスとして移行を把える内田弘の試み[20]がある。

　しかし，広松にあっては第二形態と第三形態のあいだの，「私事」か
「共同事業」か，という断層が無視されているし，内田にあっては，第
二形態の特殊的等価形態相互における「互いに排除し合う」性格[21]が，
（受動的だとはいえ）正反対の「共同行為」なるものに置き換えられて
おり，いずれも首肯しがたい。

　ここでは，独自な観点から「移行」を整合的に理解しようとした頭川
博の試みをとりあげておこう。

　頭川の論理はおよそ次のように構成されている。

(1) A＝BとB＝Aが同時に成立しない，という「価値形態の両極
　　の固定性」と，にもかかわらず，両極に配分される二商品の位置は

可変的である，という「二商品の位置の可逆性」とは，価値形態の両極に関する二大根本原則である[22]。

(2) 価値形態の「両極の固定性」原則に立脚するかぎりでは，全体的価値形態は同一時点における商品世界では一個同一の商品について1つだけ成り立つにすぎない。

なぜなら「どの商品の相対的価値形態」も成立するということと「どの商品の相対的価値形態」も同時に成立するということは別であり，「どの商品」も全体的価値形態における相対的価値形態に立ちうる同等な有資格者であるが，同一時点では，無数の商品のうち唯一つの商品のみが相対的価値形態に立ちうるにすぎないからである[23]。

(3) 一個同一の商品について一つだけ成立する全体的価値形態は，「二商品の位置の可逆性」原則を準用することで一般的価値形態に推転する[24]。

(4) 価値形態論と交換過程論のうち，前者では，全体的価値形態の一般的価値形態への逆関係的移行が分析され，後者では，一般的価値形態が特定の一商品金の現物形態に最終的に合生することで一般的価値形態が貨幣形態に移行するメカニズムが究明されている[25]。

以上の (1) ～ (4) で骨格が示された頭川の議論の最も独自な点は，(2) の「同一時点では唯一の商品のみが相対的価値形態に立ちうるにすぎず」，従って同一時点では全体的価値形態は唯一つしか存在しえない，とする主張であろう。

この命題を掲げることで頭川は，初版・本文の形態IVの発生という，IIからIIIへの移行における最大の困難を回避できたのである。なぜなら，形態IVが発生するのは，形態IIが無数に存在しそれらが相互に対等であるが故に，「逆転」によって形態IIIにあたる一般的等価が無数に生じるからに他ならないが，はじめから形態IIが一つしかなければ，そのような事態は生じようがないからである。

しかし，頭川のこの議論は，意表を突くユニークな論理ではあるが，端的にいって「A＝BとB＝Aの同時不成立（頭川のいう「両極の固

定性」)」の原則を誤解した謬論だと思われる。

　たしかにマルクスは『等価物の役をつとめるこの他の商品は，同時に相対的価値形態にあることはできない』[26]，『同じ商品は同じ価値表現においては同時に両方の形態で現われることはできない』[27]（強調点―筆者）といっているが，それはあくまでも「同じ価値表現においては」という限定のうえでの話である。逆にいえば，「別の価値表現においては」同時に（相対的価値形態と等価形態という）「両方の形態」で現われることは充分可能なのである。

　そうでなければ，別の価値表現であるにもかかわらず，商品Ａの全体的価値形態と商品Ｂの全体的価値形態とがある特定の時点における「成立」をめぐって「干渉（関与)」し合うことになるが，それは明らかにマルクスの次の文章，すなわち「自分自身に一つの価値形態を与えることは，いわば個々の商品の私事であり，個々の商品は他の商品の関与なしにそれをなしとげる。」[28]（強調点－筆者）と矛盾する。

　「同じ価値表現のなかでは」という限定のついた，社会的，論理的な「同時性」概念を，自然的，物理的な「同時性」概念と混同している点でも，その混同に基づいて，形態Ⅱの段階で「私事性」を超えた商品相互の「関与」を想定している点でも，頭川の議論は支持できない。

　しかし，この議論は，反面教師的にではあるが，初版・本文の形態Ⅳの発生を克服する具体的な「道筋」を示すことが，形態Ⅱから形態Ⅲへの移行を理解するうえで，いかに重要かを示している。次にいよいよ，われわれの積極的な考え方の提示に移ろう。

第2節　「逆転」に至る前段階としての「結合」プロセスの導入

1　「中間形態」の重要性

　「移行」の「必然性」を確信するうえで，「中間形態」もしくは「過渡的形態」の発見が決定的な契機となった例は数多い。

猿から人間への進化（移行）という「仮説」は，猿人や原人の発見によって，どれ程深く「事実」としての確信へと突き動かされたであろうか。

始祖鳥の発見が恐竜から鳥類への進化を，カモノハシの存在が，鳥類から哺乳類への進化を跡づける重要な「証拠」となっていること等は，あえて説明するまでもあるまい。

視野を人間の文化に転じても，ガンダーラ仏の発見が，無関係と思われていたギリシャ彫刻の東洋の仏像への深い影響を裏付けたり，黒人霊歌が，西洋音楽のジャズへの移行を跡づけたり，またマルクス学の領域でいえば，グリュンドリッセの発掘が，『共産党宣言』のマルクスから『資本論』のマルクスの発展をもの語る決定的資料となるなど，いくつも例を挙げうる。

価値形態の発展の諸契機のなかで，形態Ⅰから形態Ⅱへの移行と，形態Ⅲから形態Ⅳへの移行が理解しやすいのは，「中間形態」が容易に想定されうることと無関係ではない。

形態Ⅰから形態Ⅱへの移行についていえば，マルクスが挙げている形態Ⅱの例，[20 エレのリンネル＝1 着の上着，または＝10 ポンドの茶，または＝40 ポンドのコーヒー，または＝1 クォーターの小麦，または＝2 オンスの金，または＝1/2 トンの鉄，または＝等々] [29] の系列を途中で切れば，それが「中間形態」となる。

形態Ⅰの等価形態の数は 1 であり，形態Ⅱのそれは「終わりがない」，すなわち日常的な意味での無限大であるから，その中間は，有限，複数個の等価形態となろう。[20 エレのリンネル＝1 着の上着，または＝10 ポンドの茶]でも，[20 エレのリンネル＝1 着の上着，または＝10 ポンドの茶，または＝40 ポンドのコーヒー]でも，りっぱな「中間形態」である。

他方，形態Ⅲから形態Ⅳ（貨幣形態）への移行についていえば，形態Ⅳの形態Ⅲからの進歩は，「ただ，一般的等価形態が，社会的慣習によって，商品金の独自な自然形態に最終的に癒着している」 [30]（強調点 — 筆者）ということなのであるから，「中間形態」は，「まだ最終的に金に癒着していない」状態，すなわち「外部からはいってくるもっとも重要

第3章　形態Ⅱから形態Ⅲへの移行について　87

図1

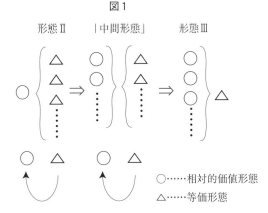

○……相対的価値形態
△……等価形態

な交易品か，さもなければ，内部の譲渡されうる所有物の主要要素をなす使用対象，たとえば家畜」[31]もしくは，「金以外の貴金属」[32]が一般的等価に立っている状態を想定すればよい。

　こうした，Ⅰ→Ⅱ，Ⅲ→Ⅳの移行の理解しやすさとくらべて，Ⅱ→Ⅲの移行は，質的に格段の難解さをもっている。それは「逆転」という文字どおりレボリューショナリーなプロセスに媒介されるが故に，「中間形態」などは，存在しようがないかの如くである。

　だが果して本当にそうだろうか。

　形態Ⅱと形態Ⅲをくらべれば両者が全く対称的な構成をもっていることに気づく。だからこそ「逆転」による移行がもっとも手っ取り早いわけだが，もっと漸次的に，形態Ⅱの右辺（等価形態）の商品を減らし，左辺（相対的価値形態）の商品を増やす，という形はありえないだろうか。図1が，まさにそれにあたる。

　いま全商品の数をnとし，相対的形態の商品の数を長方形のタテの長さに，等価形態の商品の数を同じくそのヨコの長さに対応させれば，「中間形態」を図2のように表現することができよう。

　こうした図から，「中間形態」の少なくとも「可能性」を推定することはできるはずである。

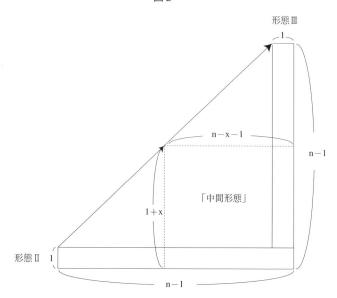

図2

　ところで，形態Ⅱと形態Ⅲの間には，数量の相違だけでなく，質的相違，すなわち形態Ⅱが各商品の私事として構成されるのに対し，形態Ⅲは全商品の共同事業の成果として社会的統一性をもっているという相違がある。「中間形態」があるとすれば，それは，この質的側面における「中間性」も反映していなくてはならない。それは如何にしてか。次にそれをみよう。

2　「結合」のプロセス

　「共同事業」という以上，複数の主体の「能動的」な行為として把えられねばならない。
　価値形態においては，「能動的」な位置にあるのは，相対的価値形態の側であるから，このことは，複数の相対的価値形態に立つ商品が，対等の立場で一つの行為をおこなうことと解釈する他はない。
　この場合，具体的には2つの商品から出発するのが，自然であろう。

第3章　形態Ⅱから形態Ⅲへの移行について　89

簡単のために，商品の数量は記述しないこととする。

いま

$$
A\begin{cases} =B \\ =C \\ =D \\ \vdots \end{cases} \quad と \quad B\begin{cases} =A \\ =C \\ =D \\ \vdots \end{cases} \quad いう2つの
$$

の形態Ⅱが与えられており，それらが「共同事業」によって上の「中間形態」を構成するとする。

その場合の「中間形態」は，最初の「中間形態」であるから，図1より

$$
\left.\begin{array}{c} \bigcirc \\ \bigcirc \end{array}\right\}\begin{cases} \triangle \\ \triangle \\ \vdots \end{cases} \quad の形となるが，
$$

右から左へと移行する（△ → ○となる）商品は，Aの形態Ⅱから始めればBとなり，逆にBの形態Ⅱから始めればAとなろう。いずれにせよ結果は，図3のようになる。

問題はAの形態ⅡとBの形態Ⅲから上のような「中間形態」が構成される事態を，どのように概念化するかである。

われわれは，この「共同行為」を「結合」と呼びたい，と考える。全体を統括する第三者が存在して，それがAとBを客体として「合成」するのではなく，Aの形態ⅡとBの形態Ⅱとが，自ら自発的に赴くところに従ってなされる主体的行為だからである。

図3

$$
\left.\begin{array}{c} A \\ B \end{array}\right\}\begin{cases} =C \\ =D \\ \vdots \end{cases}
$$

ところでこの「結合」の動力は何であろうか。この点については，われわれは尼寺らの主張にならって，「価値概念と価値の表現様式との矛盾」とすべきだと考える。すなわち形態Ⅱに欠けている「統一性」と「一般性」を求めて諸商品の形態Ⅱが「結合」し始めるのである。

尼寺らとの違いは，尼寺達が，いきなりその「動力」にもとづく「逆転」を主張するのに対し，われわれはまず，「逆転」に至る前の段階としての，「結合」による「中間形態」の生成を主張している点である。

それでは，こうした「結合」の進行は，どういう事態に行き着くのであろうか。

3 「結合」の最終局面

先程は2商品の「結合」を説明したが，3商品でも結果は同様である。念のために示しておけば，図4となる。

こうした「結合」の進行は，等価形態に立つ商品が，相対的価値形態の側へと移動してゆくプロセスと同じである。従ってそれは最終的には一つの商品（仮にこれをXと置く）のみを等価形態に残して，他のすべての商品が相対的価値形態の側に立つという状態に行き着く。それは形のうえでは，すでに形態Ⅲと同一である。

しかし，ここで注意しておかなくてはならないのは，いまだ，すべての商品が結合したわけではない，ということである。最後の商品Xは，自らは何ら能動的行為に参加しないままに，いつのまにかとり残されるに至ったにすぎない。従ってなお，商品Xの形態Ⅱは，「結合」されないままに厳存している。

図4

$$
\left.\begin{array}{l} A \\ B \\ C \end{array}\right\} \left\{\begin{array}{l} =D \\ =E \\ =F \\ \vdots \end{array}\right.
$$

図5

事実上の形態Ⅲの生成　　　最後の形態Ⅱ

$$\left.\begin{array}{l} A \\ B \\ C \\ \vdots \end{array}\right\} = X \quad , \quad X \left\{\begin{array}{l} = A \\ = B \\ = C \\ \vdots \end{array}\right.$$

　ここでもし，商品 X が，それまでの商品と同様に，相対的価値形態の側に移動しようとしたら，結果は無意味となる。なぜなら最後の等価形態 X までもが去ったが故に，等価形態に立つ商品は皆無となり，価値形態そのものが成り立たなくなるからである。

　従って無意味な結果を回避しようとすれば，X の形態Ⅱは，そのままの状態でではなく，相対的価値形態と等価形態の位置を「逆転」し，他商品の「結合」の結果である事実上の形態Ⅲに「重ね合わさる」他ないのである。

　これこそは，形態Ⅱが「逆転」せざるをえない，直接の根拠である。

　商品 X の形態Ⅱは，その「一般性」と「統一性」の無さを悟っていきなり「逆転」するのではない。「一般性」と「統一性」を求めて他商品が「結合」した結果，最後にとり残された商品としてやむなく「逆転」するのである。

　ところで，何故「結合」のプロセスにおいて，X はとり残されてしまったのであろうか。換言すれば，「結合」はどのような順序でなされてゆくものなのであろうか。

　これこそは，一般的等価にどの商品が選択されるかをより具体的に決定する根拠に他ならない。それは必然的により具体的な論理レベル，すなわち形態Ⅳ＝貨幣形態のレベルへの移行を要請するのである。

第3節　貨幣形態への移行

　先の「結合」のプロセスの説明によって，一般的等価となる商品は，

92

「等価形態」に「最も選ばれた」が故になるのではなく，「相対的価値形態」に「最後まで選ばれなかった」が故になるのだ，ということが明らかになったと思われる。

ところで，そこでは「結合」の「順序」については一切説明しなかった。実はこの「結合の順序」こそは，一般的等価となる商品を決定するより具体的なプロセスを規定し，それ故に，形態Ⅲから形態Ⅳ（貨幣形態）への移行を媒介するのである。ではその「順序」を規定する要因とは何か。ここではそれを，(1) 発展的社会と，(2) 停滞的社会の 2 つに分けて考察したい。

1 発展的社会の場合

よく知られているように，形態Ⅱの欠陥の一つは，「列が完結しない」ことである。実は，この点に関してマルクスは，次のような興味深い説明を加えている。

「一つの価値等式が他の価値等式とつくる連鎖は，新しい価値表現の材料を提供する新種の商品が登場するたびに，それによって絶えずひきつづき延長されうるものである。」[33]（強調点－筆者）

マルクスは，「列が終わらない」根拠として，単に商品の数が多過ぎるということではなしに，「新種の商品が登場する」ことを挙げているのである。これは発展的社会の特徴である。古代社会においては，それはローマのような不断の侵略と征服を宗とする国家においてのみありえたであろうが，近代の資本主義においては，それは経済メカニズムそのものの特性である。

ところで，等価形態の「列が終わらない」ということは，社会全体でみれば相対的価値形態の「列が終わらない」ことと同等である。両者の商品種類の全体は同じだからである。だとすれば，これは，いつまでたっても「結合」のプロセスが完結せず，従って「逆転」もおこなわれず，形態Ⅲへの移行がなしえないことを意味する。

このことは，「結合」のプロセスを導入するわれわれの試みの破綻を意味するのであろうか。

第3章　形態Ⅱから形態Ⅲへの移行について　**93**

そうではない。むしろ逆である。「列が終わらなければ『逆転』に至りえない」という構造こそ，貨幣形態に立つ商品を決定する具体的な根拠を与えるのである。

新種の商品が登場して列が終わらないのであれば，新種の商品が登場しやすい産業から新種の商品が登場しにくい産業に向かって商品列を構成し，その順に「結合」してゆけばよいのである。

新種の商品が登場しやすい産業とは，現代でいえば，情報機器産業のような，「生産力の発展を象徴する」産業であろう。

それでは，新種の商品が登場しにくい産業とは，どのような産業であろうか。

生産力の発展に結びつきにくい産業ということでいえば，まず超歴史的な観点からは，「人間労働力の発達の測定器」[34]たる労働手段を生産する産業でないことが必要である。また，資本主義社会という歴史的な観点からすれば，相対的剰余価値の生産につながる労働者の消費の対象となる商品を生産する産業でもないことが望ましい。

ひっきょう，冒頭で紹介した『経済学批判』におけるマルクスの言葉のように，生産手段として「役に立たず」，消費対象としても「なくてもすむ」商品を生産する産業ということになるが，さらに次の点も付け加えておくべきだろう。

それは，「加工度の低い」商品を生産する産業ということである。なぜなら，「加工度の高い」商品種類にあっては，その加工のしかたを改良することによって新種の商品がうみ出されやすいからである。従って同じ奢侈品であっても加工度の高い宝石類よりは，原料に近い貴金属の方が，「生産力の発展を象徴する」産業，もしくは，「新種の商品が出やすい」産業から「遠い」のである。

こうしたことから，金（銀）に代表される貴金属を産出する貴金属採掘業が，生産力の発展から最も遠く，新種の商品の登場しにくい産業なのである。

従って「結合」は，生産力の発展を象徴する商品から始め，その対極としての金（銀）に向かってなされることになる。そうしなければ列が

完結せず，従って形態Ⅲに至りえないからである。

もちろん，ローマをはじめとする古代や中世の大帝国も，資本主義とは違った意味においてだが「発展的社会」であった。それ故に金銀が，貨幣形態を構成しやすかったわけだが，近代資本主義社会は，より本質的な意味で金を貨幣に選ぶ必然性があったのである。それは，分割・合成の任意性や，運搬の容易さ，耐久性といった「流通技術」上の根拠よりも，はるかに本質的な根拠である。

2　停滞的社会

たえず新種の商品が登場する発展的社会と異って，商品種類の変化が乏しい停滞的社会の場合は，「結合」の「順序」は比較的自由である。

すなわち重要でないものから重要なものへ，というような，ごく一般的な序列で「結合」してゆけば充分となる。

「貿易品のなかでもっとも重要な商品」[35]（強調点－筆者）や，「共同体の譲渡可能な所有物で主要な使用対象」[36]（強調点－筆者）といったものが，一般的等価となる所以である。遊牧民族の場合，後者をとるケースが多いのは，移動生活を送る彼らにとって貿易品の内容が，相手国の変化に伴って始終入れ替わってしまい，貨幣としての定常性を満たさないからであろう。

いずれにせよ，この第２項の場合も，交換や流通の便宜という観点からではなく，純粋に価値表現という観点から貨幣の選択基準が考察されていることに注意していただきたい。

マルクスがなぜ価値形態論で形態Ⅳ，すなわち貨幣形態を置いたのか，これまでの論争でも必ずしも明確にならなかった。

われわれの考えでは，それは「結合」の「順序」を具体的に規定することではじめて明らかとなる。形態Ⅲでは「順序」は抽象的に設定されたにすぎない。形態Ⅳではじめて具体的な規定を与えられるのである。

おわりに

　最後に，このように「逆転」に至る前段階として「結合」のプロセスを導入する意義について，まとめておこう。

　第1に，初版・本文の形態Ⅳに表現されるような，全商品が一挙的に一般的等価たろうとする事態を回避しうることが挙げられる。「結合」のプロセスは，「一般的等価にはならない」商品を選択してゆくという，いわば「逆選択」を行なうことで，「結果的」に，一般的等価を選択してゆくプロセスである。それが「逆転」の前段階に置かれるならば，全商品が一挙的に一般的等価たろうとする事態は起こりえない。これこそは，「移行」に伴う「困難」＝「初版・本文の形態Ⅳの発生」を克服する具体的な「道筋」である。

　第2に，「使用価値をめぐる競争」ではなく，価値表現の「一般性」と「統一性」を求めて「逆選択」が行なわれる点で，価値論の一部としての価値表現，価値形態をめぐる選択プロセスであることが明確になることが挙げられる。こうしてこそ，価値形態論と交換過程論をあえて分離した，『資本論』の貨幣発生論の構造が活きるのである。

　第3に，『資本論』の二版以降の本文で，価値形態論のなかに，あえて貨幣形態が形態Ⅳとして導入された意義も，このような「結合」プロセスを導入することではじめて明確となる。

　久留間鮫造は，これについて「貨幣物神に結晶する等価形態の発展の過程を明らかにするため」37) という説明をおこなったが，そうであれば，形態Ⅲに補足として付け加える程度でこと足りたのではなかろうか。

　マルクスが，価値形態論で形態Ⅳを形態Ⅲから独立させたのは，貨幣商品としての金（銀）の選択が，分割・合成の任意性，運搬の容易さ，耐久性といった流通技術上のメリットだけではなく，より本質的・抽象的なレベル，すなわち価値形態論のレベルでの「純粋」に価値表現上の根拠にもとづいてなされることにうすうす気づいたからに他ならない。

　それこそは，『経済学批判』に萌芽的に存在した論点，すなわち，金

（銀）は「役に立たず」,「なくてもよい」商品であるが故にかえって貨幣にふさわしいという「逆説」の発展形態としての，生産力発展を象徴する商品の対極にある，という「根拠」である。

ところで「何も足さない，何も引かない」という標語は，洋酒の宣伝文句としては絶妙なのかもしれないが，学問の世界では望ましいとはいえない。その方針の機械的な実行は，「教条主義」そのものだからである。しかしだからといって何でも「足せばよい」というものではもちろんない。

宇野が価値形態論に「欲望の契機」を足したのは，マルクスの価値論をより「合理的」に理解しようとするためであったが，それは結果的に，交換過程論と価値形態論の分離を進めるというマルクスの理論の発展方向とは逆の，両者の融合，一体化という事態を招き，マルクス自身の発展方向からみれば「後退」につながってしまった。

それに対し，「結合」のプロセスを「足す」というわれわれの試みは，価値形態論と交換過程論の分離という発展方向と価値形態の発展の最終段階としての「貨幣形態（形態Ⅳ）」の措定という発展方向の双方にかなっている。

その意味で，マルクス理論のあるべき発展としての資格を有すると考えるのだが「一面的」だろうか。

忌憚のない御批判を乞う次第である。

注

1）マルクス『経済学批判』杉本俊明訳，大月書店，1953 年，202 ～ 203 ページ。
2）久留間鮫造『価値形態論と交換過程論』岩波書店，1957 年，13 ページ，および，20 ～ 21 ページ。なお，久留間の「商品は，いかにして，何故，何によって貨幣であるか」の解釈に対する批判については，次章を参照されたい。
3）久留間，同上書，52 ページ。
4）久留間鮫造『貨幣論』大月書店，144 ～ 145 ページ。

第3章　形態Ⅱから形態Ⅲへの移行について　**97**

5）「価値形態の展開が，価値概念（認識）と価値の表現形態（定在様式）との矛盾を原動力とするものであり，その矛盾は貨幣形態において究極的に解決されている」，尼寺義弘『価値形態論』阪南大学叢書 7，1978 年，100 ページ。

6）尼寺，前掲書，207 ページ。

7）武田信照『価値形態と貨幣』梓出版社，1982 年，207 ～ 208 ページ。

8）宇野弘蔵『経済原論』岩波書店，1977 年，合本改版，37 ページ。

9）同上。

10）武井邦夫『経済学原理』時潮社，1974 年，21 ページ。

11）山口重克『経済原論講義』東京大学出版会，1985 年，22 ページ。

12）小幡道昭『価値論の展開』東京大学出版会，1988 年，54 ～ 55 ページ。

13）松石が挙げているのは，飯田繁，富塚良三，見田石介，大島雄一，下平尾勲，米田康彦の六氏である。松石勝彦『「資本論」の解明』青木書店，1993 年，279 ページ。

14）松石，同上書，276 ～ 277 ページ。

15）富塚良三『経済原論』有斐閣，1976 年，35 ページ。

16）同上。

17）同上。

18）富塚，同上書，48 ページ。

19）広松渉『資本論の哲学』現代評論社，1974 年，148 ～ 149 ページ。

20）内田弘「再生産関係態としての価値形態」，『専修経済学論集』第 31 巻第 1 号，1996 年。

21）マルクス『資本論』資本論翻訳委員会訳，新日本出版社，1982 年，第 1 分冊，109 ～ 110 ページ。

22）頭川博「価値形態と交換過程」，『金融経済』第 182 号，1980 年，61 ページ。

23）同上書，75 ページ。

24）同上。

25）同上書，86 ページ。

26）前掲『資本論』第一分冊，83 ページ。

27）同上，84 ページ。

28）同上，113 ページ。

29）同上，107 ページ。

30）同上，120 ページ。

31）同上，152 ページ。

32）前掲『経済学批判』205 ページには銀の金に対する比価が生産力の発展に
　　伴って低落する事情が語られている。

33）前掲『資本論』第一分冊，109 ページ。

34）前掲『資本論』第二分冊，307 ページ。

35）前掲『経済学批判』201 ～ 202 ページ。

36）前掲『資本論』第一分冊，152 ページ。

37）久留間鮫造，前掲『価値形態論と交換過程論』115 ページ。

第4章 「商品は貨幣である」の解釈について

拙論の要点

『資本論』第一巻第二章の末尾にある「いかにして，なぜ，何によって商品は貨幣であるか」の解釈については，久留間鮫造以来，価値形態論，物神性論，交換過程論によって商品が貨幣に「なる」ことと解釈されてきた。しかし，それはそうではなく，「商品は貨幣にとっての『等価形態』である」と解釈すべきである。つまり，「商品は貨幣である」の「貨幣」は「等価形態」の代名詞である。

「補強」の論理

交換過程論における貨幣の使用価値論，価値論，物神性論。

第4章　「商品は貨幣である」の解釈について

は じ め に

　いうまでもないことであるが「AがBである」という文章と「Aが
Bになる」という文章は同じではない。「鯨は哺乳類である」とはいえ
ても「鯨が哺乳類になる」とはいわない。また逆に「つぼみが花になる」
とはいうが「つぼみは花である」という文章はきわめて不自然である。
　しかしこの子供でもわかる違いが，なぜか『資本論』のある文章につ
いてだけはことさらに無視されてきた。『資本論』第1巻第2章「交換
過程」における「どのようにして，なぜ，なにによって商品は貨幣であ
るのか」（強調点－筆者）[1]という文章がそれである。
　この文章に『資本論』解釈上きわめて重要な意味を与え，文章そのも
のを著名にした久留間鮫造氏の主張[2]に代表されるように，ほとんどす
べての論者がこれを「商品が貨幣になる（発展・転化する）」という意
味だと解してきた（もっとも久留間氏自身はこの「ある」と「なる」の
違いを意識してか，単に貨幣の生成ではなく商品＝貨幣の形式すなわち
「価格形態」の生成を意味するという新解釈を加えている[3]。けだし商
品＝貨幣のイコール（＝）を「である」と読もうとしたのであろう。し
かしこれとても結果的に「どのようにして，なぜ，なにによって商品＝
商品が，商品＝貨幣になるのか」という解釈になる以上，「ある」を「な
る」と読みかえていることに変わりはない）。
　もちろんこの研究分野における第1級の研究者達が，かなり（と筆者
には思える）の無理を押しても「ある」を「なる」と解釈してきたのに
は理由がある。その最も大きな理由は当然のことながら内容上もしくは
文脈上の理由である[4]。「どのようにして，なぜ，なにによって商品は
貨幣であるのか」という文章は直前の「貨幣は商品である」と対照され
ており，かつこの「貨幣は商品である」ことを理解するのは比較的容易

であって「あとから分析するものにとっての1つの発見であるにすぎない。」（強調点 − 筆者）[5]とされる。

　この比較的要易な分析的論理が「貨幣は商品である」に対応するならば，より困難な「商品は貨幣である」がマルクスやエンゲルスが述べる意味での弁証法的論理[6]に対応すると解釈するのは自然であろう。問題はこの分析的論理を超えた「弁証法的論理」がより具体的に何を意味するかである。久留間氏等に代表される通説は，これを「商品の貨幣への」「発展・転化の論理」とみた。

　しかし以上のような一見きわめて自然にみえる解釈は，詳しく検討すればする程，逆に不自然さを露呈してくるのである。

　以下，本文において，上の通説的解釈が文脈上成立しない所以を明らかにすることとする。さらにそれに対する我々の積極的解釈を提示し，次いでその新解釈がひき起こすであろう理論上の問題点（後述するようにこれは近年近代経済学者の岩井克人氏が提起した問題と事実上重なり合う）をとりあげ解決の方向を示す。そして最後に「どのようにして，なぜ，なにによって」の3つの副詞がそれぞれ何を指示するかについてわれわれの解釈を久留間説に対置し，本稿を締めくくることとしたい。

第1節　「交換過程」章における商品と貨幣

『資本論』第2章「交換過程」は，
- ① 商品所有者を登場させる導入部[7]
- ② 交換過程に内在する矛盾から特定商品が排除されて貨幣となる論理を説く部分[8]
- ③ 交換の歴史的な拡大と深化によって貨幣商品の使用価値が二重化するに至る過程を述べた部分
- ④ 貨幣理論，貨幣分析の批判的歴史（これは通説に従って暫定的に内容を「整理」したにすぎない[9]。この ④ についてのより正確な特徴づけは後述する。）
- ⑤ 貨幣の物神性の解明

の５つの部分に大きく分けられよう。

さて，問題の文章はこの④の部分の末尾に置かれている。従って以下この④の部分の内容と文脈の検討を詳細におこなってみることとしよう。

とはいえ，実のところ④の部分にはたった２つの段落しか存在しない。先程も述べたように，問題の文章すなわち「どのようにして，なぜ，なにによって商品は貨幣であるのか」はこの２つの段落の後の方の，それも末尾にある。他方，通説的解釈で重要な意味をもつ「あとから分析するものにとっての１つの発見であるにすぎない」は始めの方の段落の冒頭部分にある。いわば通説は④の部分の最初と最後を結びつけて１つの解釈をつくったといってよい。「分析的」手法──「貨幣は商品である」，「弁証法的」手法（＝「発展・転化」の論理）──「商品は貨幣である」というわけである。

しかし④の部分の冒頭と末尾にはさまれた中間部を子細に検討するなら，ことはそう単純ではないことがわかってくる。

通説のようにこの④の部分で「分析的」手法から「弁証法的」手法への貨幣分析の発展が説かれているならば，後者の論者はマルクスを，前者の論者はマルクスによって最大の批判対象とされた古典派経済学者を指すという推測が自然に成り立つはずである（価値形態論がリカードゥ価値論批判を契機に形成された次第を想起されたい）。ところが，この通説に基づく推測はマルクス自身の文章によって即座に裏切られる。前者の「分析的」手法を用いた論者としてマルクスは古典派以外の名前をあげているからである[10]。それは，S.クレマント，J.チャイルド，Th.パピロンといった17世紀末の重金主義者たちであって，古典派経済学者がむしろ批判対象とみた論者であった。そればかりではない。マルクスは17世紀の重金主義者達によって端初的にみ出された「貨幣は商品である」という正しい命題が18世紀の啓蒙主義者によって否定され，貨幣を「単なる章標」とみる誤まった考えが流布されたことを④の第１段落の後半で述べるのである。

つまり④の部分は，通説が整理するように「分析的」──「弁証法的」

といった二元対立で整理できる内容ではなく，17世紀の重金主義者による「貨幣は商品である」の措定，18世紀の啓蒙主義者による反措定，マルクスによる再措定といった，それこそ弁証法的な3項からなっているとみなければならないのである。

　それでは「商品は貨幣である」という命題はマルクスのここでの貨幣理論史の整理においてどのような位置を占めるのであろうか。

　それは「困難は，どのようにして，なぜ，なにによって商品は貨幣であるのかを理解することである」とあるとおり，貨幣把握の「困難」を示唆しているといえようが，問題はその「困難」の内容である。

　通説では，この困難は「貨幣は商品である」という命題と「商品は貨幣である」という命題との間に横たわるものとみなされている。しかし先にみたようにことはそう単純ではない。むしろ「貨幣は商品である」という命題自体，その充全な把握には18世紀の知性を代表する(ロック，ヒューム，モンテスキュー，ヘーゲル等)啓蒙主義者達さえ失敗せざるをえなかった「困難」が存在するとマルクスは主張している[11]。そしてその「困難」を克服する前提こそ「商品は貨幣である」という命題の把握に他ならないと述べているのである。

　ここで通説とわれわれの解釈の違いを図示すれば図1のようである。

　われわれの解釈では「商品は貨幣である」ことの把握の「困難」は「貨幣は商品である」ことの把握の「つまずき」に直結している。

　つまり，両者の充全な把握は同時になされるのであって，通説のように一方が他方に先行するような関係にはないのである。

　しかし，「商品は貨幣である」ことの把握がなしえなかったことが，なぜ「貨幣は商品である」ことの把握をつまずかせたのであろうか。また，18世紀の啓蒙主義者たちがつまずいたこの把握を「端初的」とはいえ17世紀の重金主義者がなしえたのは何故か。そしてそもそも「貨幣が商品である」とは何を意味し，「商品が貨幣である」は何を意味するのであろうか。

　ヒントはマルクスの次の指摘にあると思われる。すなわちマルクスは第1段落で啓蒙主義者が貨幣を「単なる価値章標」とみなした原因を「価

第4章 「商品は貨幣である」の解釈について　**105**

図1

〈通　説〉

「貨幣は商品である」　──── 「分析的手法」

　　　　「困難」　→

「商品は貨幣である」　──── 「弁証法的手法」

〈われわれの解釈〉

「貨幣は商品である」

　　　　　　　　　措定（17世紀の重金主義者）

「困難による躓き」　────　反措定（18世紀の
　　　　　　　　　　　　　　啓蒙主義者）

再措定（マルクス）
「困難」の中身……「商品は貨幣である」の把握

　値と価値形態の混同」に求めている[12]。この「価値と価値形態の混同」
こそは啓蒙主義者たちがつまずいた原因を指示していると思われる。
　そうだとすれば，さらに，この「混同」がなぜ必然的であったかが問
題となる。この「混同の原因」こそマルクスのいう「困難」の内容であ
り本稿の主題である「商品が貨幣である」の内容でもあるからである。
　啓蒙主義者がつまずいた原因である「価値と価値形態の混同」のさら
なる原因は，あたりまえのようだが，「価値と価値形態を峻別しえなかっ
た」からに他ならない。両者を峻別しえなかったのはとりもなおさず，
両者を正しく規定しえなかったからである。そして価値の規定と価値形
態の規定のどちらがより困難であったかといえば，いうまでもなく価値
形態の規定の方であろう。従って啓蒙主義者がつまずいた「混同の原
因」，すなわち貨幣把握の「困難」の中身は「価値形態の規定」にある
とみるのが順当な解釈だと考えられる。
　以上の解釈は④の後の方の段落でさらに強く確認される。④の第2
の段落は，大きく3つの部分に分かれる。最初の部分は「貨幣の価値の

表現」について述べられている。すなわち３番目の文章に「貨幣はそれ自身の価値の大きさを，ただ相対的に，他の諸商品によってのみ，表現することができる」[13]とあるとおりである。次の部分は主として「貨幣の価値（量）の規定」について述べている。すなわち「貨幣自身の価値は，その生産のために必要とされる労働時間によって規定され」[14]とあるとおりである。そして最後の部分で貨幣分析の「困難」を「商品が貨幣であることを理解する点」にあるとまとめているわけである。

この後段でマルクスは，前段で示唆した啓蒙主義者による「価値と価値形態の混同」の原因を，貨幣価値の規定と貨幣の価値形態の規定を丁寧におこなうことによって明らかにしているのである。

ここで重要な点はマルクスが，商品一般の価値と価値形態ではなく，貨幣の価値と価値形態を商品の規定を適用しながら新たに規定し直している点である。「商品が商品一般である」ことが問題だからではなく「貨幣が商品である」ことが問題だからであろう。そしてこの点こそは通説による解釈の不合理がもっともきわ立つ点である。

通説のように「商品は貨幣である」を，「商品が貨幣になる（発展・転化する）」と解釈するならば，その「発展・転化の論理」の一部をなす「価値形態論」での価値形態はあくまで商品（一般）の価値形態でなければならない。なぜならば「発展・転化する」のはあくまで商品であって貨幣ではないからである。ところが，マルクスが，ここで問題にしているのは「貨幣はそれ自身の価値を……表現する」とあるとおり，貨幣の価値形態であって商品一般の価値形態ではない。ここでは貨幣の存在は前提であって，「商品の貨幣への発展・転化」はすでに終わっていなければならないのである。

そこで以上を踏まえて，われわれの「商品は貨幣である」の内容を示すこととする。これまでの考察からそれは「価値形態の規定」でなければならず，しかも「貨幣の価値形態の規定」でなければならない。では「貨幣の価値形態の規定」がなぜ，「商品は貨幣である」の内容なのであろうか。答えはすでにあげたマルクスの文章の中にある。「貨幣はそれ自身の価値の大きさを……他の諸商品によってのみ表現する」（強調点－

第4章 「商品は貨幣である」の解釈について **107**

図2

〈通　説〉

「商品は貨幣である」の意味

「商品は貨幣に（必然的に）発展・転化する」

商品 —————————————➤ 貨幣

価値形態論，物神性論，交換過程

論の各論理（ただしこれは久留間

説の場合）

〈**われわれの解釈**〉

「商品は貨幣である」の意味

「商品は貨幣にとっての等価形態（貨幣）である」

　　　貨幣　　　　　　　　　他の諸商品

　　〈相対的価値形態〉　　　〈等価形態〉

　　　　　　　　　　　　　　　‖

　　　　　　　　　「貨幣にとっての貨幣」

筆者)。この「他の諸商品」こそは「商品は貨幣である」の主語である。すなわち「商品は貨幣である」とは，「商品は貨幣にとっての等価形態である」という意味に他ならない。

　17世紀の重金主義者たちはそもそも価値を価値実体の面に偏って理解し価値形態の存在に無頓着であったが故に，かえって「貨幣は商品である」という命題を端初的に主張しえた。18世紀の啓蒙主義者達は貨幣のそして商品の「形態的」側面に気づいたが明確に定式化しえなかった。そのために，貨幣を「単なる価値章標」と考え「金銀は実際には現実的な商品ではない。」[15]とする理論上の「後退」が生じたのである。

　さてここでもわれわれの結論を通説と対比して図示しておこう（図2）。

　ここでわれわれの図式について若干説明を加えておこう。

　通常は諸商品が相対的価値形態の位置にあって，貨幣が一般的等価として等価形態を一手に引き受けている。このため貨幣は「等価形態の代名詞」となっているのである。ところが，上のように貨幣がその価値を

108

表現しようとする場合には位置を逆転し諸商品の方を等価形態としなければならない。ところで通常は貨幣が「等価形態の代名詞」であった。ここにマルクス特有のレトリックが用いられる。マルクスは日常のうちにひそむ非日常的な事実を印象的（詩的）に表現するために非日常的な事実をあえて日常的な表現で説明することがある[16]。非日常的な事実である「商品＝等価形態」が日常的な表現である「等価形態＝貨幣」と結びつけられ「商品＝貨幣」と表現されたわけである。その真意は今までの説明で明らかなように「商品は貨幣にとっての等価形態である」だったのである。

　さてこのように考えてくると，本章で検討している ④ の部分が単に貨幣理論の歴史を扱っているわけではないことがわかる。

　まず ④ の第1段落は貨幣理論の歴史と読むこともできるが，第2段落の方はそうではない。さらに ④ の中心はあくまで第2段落にある。なぜなら第1段落では「貨幣は商品である」というそれ自体は正しい命題が（啓蒙主義者によって）否定されて終わっているが，第2段落ではそれが高次の内容を与えられて肯定されるからである。

　では改めて ④ で扱われている内容は何であろうか。結論からいえば，それは「貨幣の価値」である。

　すなわち
　　「貨幣は商品である」ことの端初的理解
　　　── 貨幣の価値実体もしくは価値量の把握
　　「商品は貨幣である」ことを踏まえた
　　「貨幣は商品である」ことの充全な理解
　　　── 貨幣の価値形態の把握

　以上が ④ の内容のエッセンスである。

　このように理解してはじめて交換過程論の後段の論理構成が体系的に理解されうる。

　すなわち
　　③ 貨幣の使用価値

④ 貨幣の価値（価値実体，価値量，価値形態）

⑤ 貨幣の物神性

　みられるように「商品」章の構成がここにみごとに生かされていることがわかる。マルクスの論理構成力のみごとさに改めて驚かされる思いがするのは筆者だけであろうか。

　さて以上の「交換過程」章の検討を通じて「商品は貨幣である」の意味が「商品は貨幣にとっての等価形態である」に他ならないことをひとまず明らかにしえたと考える。ところで，この「貨幣の価値形態としての商品」を直接叙述した文章が『資本論』の中に２つある。価値形態論と価値尺度論のそれぞれに短いとはいえ１ヵ所ずつあるのである。ところが，これまでそれらは注目されてこなかった（注目されていれば，われわれの主題である「商品は貨幣である」の解釈もわれわれの結論に少くともより近くなっていたはずである）。

　実はそれらは，マルクス自身の価値論に一見矛盾するような「不合理」な外観を伴っている。この「不合理」な外観を明るみに出したのは近代経済学者の岩井克人氏である[17]。それは通説と異り，「貨幣の価値形態としての商品」をきわめて重要とみるわれわれにとって避けて通れない重大な問いかけを与えるものとなっている。次ではこの問題を扱おう。

第２節　「貨幣の価値形態としての商品」と貨幣理論

　前章でわれわれは「商品は貨幣である」の意味を「商品は貨幣にとっての等価形態である」ととる解釈を提示した。このことはとりもなおさず「貨幣の価値形態としての商品」に貨幣理論における重要な意義を付与することを意味する。

　しかしこのことは同時にマルクスの貨幣理論に新たな難問を投げかけることにもなるのである。それは次のような問題である。

　貨幣は通常は商品社会における一般的等価物の位置にある。マルクス

自身が述べているように「一般的等価物の相対的価値を表現するために
は，むしろ形態Ⅲをさかさにしなければならない」[18]。従って貨幣にとっ
ての価値形態は形態Ⅲをさかさにした形態Ⅱとなる。ところでマルクス
はそもそも形態Ⅲを導き出すために形態Ⅱを「逆転」したのではなかっ
たか。だとすれば形態Ⅱを逆転して形態Ⅲを得，さらに今度は貨幣の価
値を表現するために形態Ⅲを逆転して形態Ⅱを得るという，いわば形態
Ⅱと形態Ⅲの間の「往復運動」がなされることになる。これはとりもな
おさず形態Ⅱから形態Ⅲへの移行が，「可逆的」な過程であることを意
味することになるのではないか[19]。もしそうだとすれば，本来商品から
貨幣への「不可逆的」発展を解明しているはずのマルクスの価値形態論
の論理と矛盾するのではないか。ざっとこういった疑問である。

　さらにこれと関係するが相対的に独自な次のような疑問も生まれて
くる。貨幣は商品の価値の表現形態であるとはいえ，「価値尺度」とい
う機能を果たすことからも明らかなとおり，商品の価値の量を規定する
唯一の「外在的」な定在である。ところが，貨幣が商品の価値量を規定
すると同時に，商品が貨幣の価値量を規定するというのでは完全な「循
環論」になってしまうのではないか，と[20]。

　以上の2つの疑問，すなわち ① 形態Ⅱから形態Ⅲへの移行は「可逆
的」だということになるとの疑問と ② 貨幣による商品価値の量的規定
は完全な「循環論」を構成するとの疑問とは，近代経済学者の岩井克人
氏が近著『貨幣論』ではじめて明示的に提起したものである。(岩井氏
自身は必らずしも明確に2つを区別していないが) 岩井氏はこの「可逆
的」と「循環論的関係」をむしろ貨幣そのものに内在する不可避的な属
性として肯定的に評価し，労働価値説から切り離された独自の貨幣理論
を構築しようとされている[21]。

　われわれはこの岩井氏の開拓者的な問題提起を高く評価したい。と同
時にその結論には真向うから反対せざるをえない。以下にその理由と問
題解決の積極的方向性について述べることとする。なお ① の疑問は主
として価値形態論に，② の疑問は主として価値尺度論に関わると思わ
れるのでそのような小題を立てて論じることとしたい。

1 「貨幣の価値形態としての商品」と価値形態論

先述したように，マルクスは「貨幣の価値形態としての商品」について，価値形態論の（C 一般的価値形態」の「2 相対的価値形態と等価形態の発展関係」の末尾で次のように説いている。

「一般的等価物の相対的価値を表現するためには，むしろ形態Ⅲをさかさにしなければならない。一般的等価物は他の商品と共通な相対的価値形態をもっておらず，その価値は，他のすべての商品体の無限の列によって相対的に表現される。こうしていまや，展開された相対的価値形態または形態Ⅱが，等価物商品の独自な相対的価値形態として現われる」[22]。

ここでマルクスは一般的等価物（この場合はリンネル）の価値形態を明らかに，形態Ⅲを逆転した形態Ⅱだとしている。この限りでは岩井氏が主張するように形態Ⅱから形態Ⅲへの移行は「可逆的」だといわざるをえない。

しかし注意しなければならないのは，この場合の形態Ⅲから形態Ⅱへの「逆転」によってもリンネルが一般的等価であることに変わりはないということである。リンネルは一般的等価物のままで，形態Ⅱへの「逆転」をおこなう。つまり商品世界全体にとっての形態Ⅲとしての「体制」に変化は全く生じないのである。

ここでわれわれは商品世界全体の問題と個々の商品の問題（一般的等価物といえどもそれ自身の価値表現の問題は個別的な問題である）とを区別する必要に迫られる。

商品世界全体としての形態Ⅱ → 形態Ⅲは「不可逆的」なプロセスだが個々の商品に即した形態Ⅱ → 形態Ⅲは「可逆的」なプロセスなのである。

そこで初発の問題提起である「形態Ⅱ → 形態Ⅲは可逆的か」は次のように展開せざるをえない。「可逆的な形態Ⅱ → 形態Ⅲ（個別商品に即した場合）と不可逆的な形態Ⅱ → 形態Ⅲ（商品世界全体に生じる場合）とは具体的にどう違うのか」と。

このように展開した問題提起に正面から答えるには，どうしても商品世界全体における形態Ⅱから形態Ⅲへの移行，すなわち価値形態論の「本論」における展開された価値形態（＝形態Ⅱ）から一般的価値形態（＝形態Ⅲ）への移行そのものに触れざるをえない。というのも，この点でのマルクスの叙述自身が形態Ⅱ→形態Ⅲを「可逆的」なプロセスと受け取られかねない内容になっているからである。

先のマルクスの文章にあるとおり，一般的等価物（この場合はリンネル）の価値表現を得る際の形態Ⅲ → 形態Ⅱのプロセスは商品の「価値表現上の位置」の「逆転」であった。ところがマルクスは，本来の形態Ⅱから形態Ⅲへの移行，すなわち商品世界全体についての形態Ⅱ → 形態Ⅲについても，同じ「逆転」の論理を用いているのである[23]。これでは岩井氏の主張のとおり，どちらのプロセスも本質的に同一でともに「可逆的」だとみなされるのも無理はない。

われわれは，これをマルクスの「説明不足」によるものだと考える。商品世界全体における本来の形態Ⅱから形態Ⅲへの移行においては可逆的な過程である「価値表現上の位置（すなわち相対的価値形態にあるか等価形態にあるか）」の「逆転」に加えて何らかの不可逆的な論理が加わっていなければならないはずなのである。ではそれは何か。

富塚良三氏は価値形態論の内部にはこの論理は存在しないとみて，それを交換過程論における「全面的交換の矛盾」だとしている[24]。この富塚説においては交換過程の矛盾の解決と形態Ⅱの逆転とは同時になされなければならない。というのは次の理由からである。交換過程の矛盾の解決はとりもなおさず貨幣の発生を意味する。従って形態Ⅱのままでの貨幣形態が（貨幣の価値形態ではなく商品の価値形態としては）ありえない以上，「逆転」が「矛盾の解決」に先行しなければならない。しかしまた「逆転」はそれだけで形態Ⅲを成立させてしまうから最後の局面でしか起こりえない。従って「矛盾の解決」が「逆転」に先行しなければならない。以上の2つを両立させるには「逆転」と「矛盾の解決」は同時になされなければならないのである。

しかし同時に起こるということは両者の間に論理的な因果関係がな

いということでもある。価値の形態間の移行は論理的プロセスであり，因果関係はその論理の先後関係として現われるからである。価値形態論の論理の欠落を交換過程論の論理で埋めようという富塚氏の試みは結局失敗に終わったといわざるをえない。

これに対して頭川博氏は，「価値表現上の逆関係は同時には成立しない」という論理に基づいてユニークな議論をおこなった[25]。頭川氏によれば，個々の商品ごとに無数に並立しているようにみえる形態IIは，実は「逆関係の同時不成立」を厳密に適用すると一時点に一形態しか成立していないのだという。従って形態IIから形態IIIへの移行は「逆転」のみによってスムーズになされるのであり，残るのは時間軸に沿って貨幣にふさわしい商品が歴史的に選択される形態IIIから形態IVへの移行のプロセスだけだというわけである。

この議論は一見すると形態II → 形態IIIのプロセスを「逆転」のみによって説明しているようにみえるが，事実上「逆関係の同時不成立」を用いた形態IIの一商品のそれへの「絞り込み」をおこなっているのである。この「絞り込み」の過程こそは頭川氏による不可逆的な論理の提示と考えることができる。

以上の頭川氏の議論は「逆関係の同時不成立」を議論の主軸に据えている点できわめて示唆的である。とはいえ氏の議論にも疑問がないわけではない。形態IIの一商品への「絞り込み」は氏の議論においては他商品の存在そのものを否定し合うプロセスとして描かれておりマルクスのいう「共同事業」とは似ても似つかない内容となっている。またそれと関係するが，各商品の「私事」としての形態IIが「逆関係の同時不成立」を認めるに至る過程が明確でない。総じて氏の議論においては「私事」としての形態IIと「共同事業」として成立する形態IIIとの特徴の違いが軽視されているのである。

われわれは以上の諸説の難点を克服する意味で，形態IIから形態IIIへの移行を次のようなプロセスと把えたい。それは一言で示せば「結合」＋「逆転」である。

「結合」というと，形態Iから形態IIへの移行が想起されるであろう

図3

$$
1着の上着
\begin{cases}
=10 \text{ポンドの茶} \\
=40 \text{ポンドのコーヒー} \\
=1 \text{クォーターの小麦} \\
=2 \text{オンスの金} \\
=1/2 \text{トンの鉄} \\
=20 \text{エレのリンネル} \\
\vdots
\end{cases}
$$

＋（プラス）

$$
10\text{ポンドの茶}
\begin{cases}
=1 \text{着の上着} \\
=40 \text{ポンドのコーヒー} \\
=1 \text{クォーターの小麦} \\
=2 \text{オンスの金} \\
=1/2 \text{トンの鉄} \\
=20 \text{エレのリンネル} \\
\vdots
\end{cases}
$$

‖（イコール）

$$
\left.
\begin{array}{l}
1\text{着の上着} \\
10\text{ポンドの茶}
\end{array}
\right\}
\begin{cases}
=40 \text{ポンドのコーヒー} \\
=1 \text{クォーターの小麦} \\
=2 \text{オンスの金} \\
=1/2 \text{トンの鉄} \\
=1 \text{着の上着} \\
=20 \text{エレのリンネル} \\
\vdots
\end{cases}
$$

が, 形態Ⅰから形態Ⅱへの移行は単なる「結合」のプロセスではなく, 扇が開くような意味での「展開」もしくは「開展」(entfalten) のプロセスである。これに対しわれわれが形態Ⅱの「結合」と表現しているプロセスは, 文字どおり単純に足し合わせることを意味する。ただし足し合わせた結果が「無意味」にならないようにするという限定だけは付け加えることとする。以下より具体的に説明してみよう。

いま上着の展開された価値形態と茶のそれとを「結合」してみる。(図3)

さらにコーヒーの展開された価値形態をも「結合」するなら結果は上のようであろう。(図4)

第4章 「商品は貨幣である」の解釈について　　**115**

図 4

$$
\left.\begin{array}{l}
1\text{着の上着}\\
10\text{ポンドの茶}\\
40\text{ポンドのコーヒー}
\end{array}\right\}
\left\{\begin{array}{l}
=2\text{オンスの金}\\
=1/2\text{トンの鉄}\\
=20\text{エレのリンネル}\\
\vdots
\end{array}\right.
$$

図 5

$$
\left.\begin{array}{l}
1\text{着の上着}=\\
10\text{ポンドの茶}=\\
40\text{ポンドのコーヒー}=\\
1\text{クォーターの小麦}=\\
2\text{オンスの金}=\\
1/2\text{トンの鉄}=\\
\vdots
\end{array}\right\}
20\text{エレのリンネル}
$$

　みられるように個々の商品の展開された価値形態の「結合」は相対的価値形態の位置に立つ商品を増やし，その分等価形態の位置に立つ商品を減らしてゆくのである。これはこの逆ではありえない。なぜなら新たに足し合わせた（たとえば）10 ポンドの茶を相対的価値形態から等価形態に移行したとすれば，結果は元の上着の展開された価値形態と同じになってしまい足し合わせた意味がなくなるからである。

　この「結合」の過程はいつまで続くであろうか。商品が無数にあるとはいってもたかだか可算，有限個であろうからいずれ最終局面は到来する。この最終局面ですべての商品が左辺の相対的価値形態に移行してしまうであろうか。実はこれは起こりえない。なぜならそれは価値形態そのものの崩壊を意味するからである。では「結合」のプロセスはどのような形で最終局面を迎え，自らの運動を締めくくるのであろうか。

　それこそは，「逆転」のプロセスに他ならない。最終の一歩手前，すなわち最後の一商品（仮にリンネルとしておこう）を残した段階で，実はすでに形態Ⅲが成立している。（図 5 ）

　ところが，最後に残った商品リンネルにはリンネル自身の形態Ⅱが付随している。（図 6 ）

図6

$$20 \text{エレのリンネル} \begin{cases} = 1 \text{着の上着} \\ = 10 \text{ポンドの茶} \\ = 1 \text{クォーターの小麦} \\ = 2 \text{オンスの金} \\ = 1/2 \text{トンの鉄} \\ \vdots \end{cases}$$

　この形態Ⅲと形態Ⅱとは同一の価値表現としては両立しえない。なぜなら「同じ商品は同じ価値表現においては同時に両方の形態で現われることはできない」[26]からである。従っていずれか一方が「逆転」して他方に重なる他はない。しかし形態Ⅲが，リンネルの形態Ⅱに重なったのではこれまでのプロセスが無意味になる。よって当然のことながらリンネルの形態Ⅱの方が「逆転」し，ここに一般的価値形態＝形態Ⅲが単一の，完全な価値表現として誕生するのである。

　以上のわれわれの「移行の論理」をいま一度整理するならば以下の諸点にまとめられよう。① 形態Ⅱから形態Ⅲへの移行においては「逆転」のプロセスの前提として「結合」のプロセスがあり，これが結果として自然な形で「逆転」を促すということ，②「結合」と「逆転」との2つの論理の組み合わせこそが不可逆的な移行の論理を構成するものだということ，以上である。

2 「貨幣の価値形態としての商品」と価値尺度論

　マルクスは『資本論』第三章「貨幣または商品流通」の第1節「価値の尺度」のはじめの方で「貨幣の価値形態としての商品」に触れている。

　「展開された相対的価値表現，または相対的価値諸表現の無限の列が，貨幣商品の独自な相対的価値形態になる。しかし，この列は，いまやすでに諸商品価格のうちに社会的に与えられている。物価表の値段表示をうしろから読めば，貨幣の価値の大きさがありとあらゆる商品で表わさ

れていることがわかる」[27]。

　本章の最初に述べたように商品の価値が貨幣によって「規定」され，同時に貨幣の価値が商品によって「規定」されるとすれば，両者は「循環」の関係になってしまい，価値実体の規制から切り離されるのではないかという疑問が生じる。もちろんこの疑問に対しては即座に「貨幣は商品の価値を表現するのであって商品の価値を量的に規定するわけではない」との反論がなされようし，その主張自体は正しい。しかし問題はそれ程単純ではない。

　仮に「規定」を「尺度」といいかえてみよう。そうなれば先の文章は「商品の価値が貨幣によって『尺度』され，同時に貨幣の価値が商品によって『尺度』される」となる。価値を「尺度」するという文章は価値を「表現」するという文章よりも量的な意味が強く出る。「尺度」は文字どおり「ものさし」であり「量的基準」なのである。「規定」という表現を用いたはじめの文章がマルクス経済学の理論上誤りを含むとしても，それは「内在的尺度」である労働時間をも含めて基準としての機能を失うとしているからであって，「外在的尺度」としての機能が失なわれるということであれば，一理も二理もあるのである。以下われわれは岩井氏の問題提起をこのように受けとめて考察することとしたい。

　「尺度」するものが，逆に「尺度」されるということは，たとえていうならば裁判官が被告人になるようなものであって，まさに社会の混乱につながりかねない事態である。そうした社会的位置の「逆転」にもかかわらず「基準」としての機能が失なわれないとすればそれを保障するものは何であろうか。

　ところで裁判官が被告人になるとしても裁判官が罪を犯したのであればそれは正当であり，社会の秩序が乱れるどころか結果として社会はより健全に保たれるであろう。また逆にかつての被告人が裁判官になるとしても被告人が有資格者であり，かつ被告人の無罪が確定すればそれもむしろ当然である。問題は誰それを裁判官とし，また被告人とする際の手続きの正統性であり，その執行者の存在であろう。では，われわれの問題である商品と貨幣の関係において，執行者は誰であり，また「手

続きの正当性」とは何を指すであろうか。

　商品を商品の位置に置き，貨幣を貨幣の位置に置くのはいうまでもなく商品所有者である。従ってこの場合の「執行者」とは他ならぬ商品所有者のことを指すといってよいであろう。では「手続きの正統性」は商品—貨幣関係では何を意味するであろうか。それは裁判官を被告席に座らせるときの処理が規則にのっとっていることであることから考えるならば，貨幣を商品にし，商品を貨幣にするさいの処理が正統なルールにのっとっているということであろう。

　これは事実上，「売り」と「買い」のプロセスを意味する。ではその際の「ルール」（ないし法則）は何だろうか。これを明確にするために同じく「価値の尺度」の章の末尾にある価値尺度から流通手段への移行の論理を述べた文章を引用しよう。

　　「相対的価値形態一般がそうであるように，価格がある商品たとえば1トンの鉄の価値を表現するのは，一定分量の等価物，たとえば1オンスの金が鉄と直接に交換されうるということによるのであって，逆に，鉄のほうが金と直接に交換されうるということによって表現するのでは決してない。したがって商品は，実際に交換価値の作用を果たすためには，その肉のからだを脱して，ただ表象されただけの金から現実の金に自己を転化させなければならない。」[28]

　ここで重要なのは ① 貨幣の価値尺度の機能から流通手段の機能への発展が，商品に交換価値の作用を果たさせることが動力となってなされるということ，すなわち商品 → 貨幣が基本だということでありまた ② この過程で商品所有者が貨幣所有者へと変化しているにもかかわらず，それによって手放したはずの商品の交換価値の作用が果たされるとみなされている点である。

　「表象されているだけの段階」（価値尺度）から「現物の形態をとる段階」（流通手段）への移行は，貨幣商品にもあてはまる。一般商品にとってはW—G，G—Wがそれに当たるのと同様に貨幣商品にとっては貨幣の「通流」がそれに当たる。

　そしてこの場合のルールは「尺度される側が交換価値の作用における

主導権を握る」ということである。一般商品の場合には商品自身が，また貨幣商品の場合には貨幣が，その「尺度される側」に当たる。

では貨幣の「通流」において，「交換価値の作用における主導権を握る」というのは具体的に何を意味するであろうか。

貨幣は諸商品によって，物価表を逆にした形で，尺度されている。従って尺度自体の主導権は商品にある。だが，その尺度された交換価値を「維持する」ことの主導権は貨幣の側にあるのである。それは具体的には蓄蔵貨幣のプールを用いた一種の「数量調整」によって，貨幣の側の主導でなされる。これが尺度としての「基準」が保障される「ルール」の具体化に他ならないと考えることができよう。

第3節 「どのようにして，なぜ，なにによって」の　　意味について

よく知られているように，久留間鮫造氏は，「どのようにして，なぜ，なにによって商品は貨幣であるのか」の「どのようにして」を価値形態論に，「なぜ」を物神性論に，「なにによって」を交換過程論に対応するものと解釈した[29]。しかしこれはあくまで「商品は貨幣である」を「商品が貨幣になる（発展・転化する）」と解釈した場合の話である。「商品は貨幣である」を「商品は貨幣にとっての等価形態である」と解釈するわれわれにとっては，「どのようにして，なぜ，なにによって」の解釈も自ずと異らざるをえない。

まず「どのようにして」「商品は貨幣にとっての等価形態であるか」から考察しよう。

結論からいえば，これは形態IIを指していると思われる。（図7）
すなわち

「どのようにして」「商品は貨幣にとっての貨幣の役割を果すか」は上のように形態IIを示せば一目瞭然である。

次に「なぜ」「商品は貨幣にとっての等価形態であるか」についてであるが，これはこの文章の置かれている段落の前の方で述べられている

図7

　　〈相対的価値形態〉　　〈等価形態〉

$$
2\text{オンスの金}\begin{cases}
=20\text{エレのリンネル}\\
=1\text{着の上着}\\
=10\text{ポンドの茶}\\
=40\text{ポンドのコーヒー}\\
=1\text{クォーターの小麦}\\
=1/2\text{トンの鉄}\\
\vdots
\end{cases}
$$

次の命題すなわち「商品の等価形態はその商品の価値の大きさの量的規定を含んではいない」[30] が故に，他商品を価値表現の材料にせざるをえないことを指していると思われる。

　マルクスはこれに関連して「なぜ貨幣は労働時間そのものを直接に表現しないのかという問題は，きわめて単純に，なぜ商品生産の基礎上では労働生産物は自己を商品として表わさなければならないのかという問題に帰着する」[31] とも述べている。いうまでもなく貨幣が労働時間そのものを直接に表現していれば，わざわざ他商品によって価値を表現する必要はないわけである。上の文章でマルクスが述べているように，これは窮極的には商品生産そのものもしくは商品の物神性に帰着する。しかしここでは「なぜ」の意味をもう少し直接的な根拠ととらえ，「等価形態の特殊性」と解しておくのが無難であろう。

　さて最後に「なにによって」「商品は貨幣にとっての等価形態である」かであるが，これは通常，相対的価値形態にある商品が等価形態に位置を変える「プロセス」とみるのが自然であろう。いままでの議論からも明らかなようにそれは「価値表現上の位置」の「逆転」である。

　以上をまとめ，久留間説に対置して図式化しておこう（図8）。

　われわれの解釈では三者いずれも価値形態論の論理となっている。18世紀の啓蒙主義者がこの三者の内容を理解しえなかったのはけだし当然というべきであろう。

図8

〈久留間説〉

「どのようにして」 ……「価値形態論」
「なぜ」　　　　　 ……「物神性論」
「なにによって」　 ……「交換過程論」

〈われわれの解釈〉

「どのようにして」 ……形態Ⅱ（展開された価値形態）
「なぜ」　　　　　 ……等価形態の特殊性
「なにによって」　 ……価値表現上の位置の「逆転」

お わ り に

　結論については，各章ごとにまとめてあるので，ここでは省略し，今後のわれわれの研究の方向性について一点だけ触れておきたい。

　われわれは本稿の中で，形態Ⅱから形態Ⅲへの移行を「結合」＋「逆転」ととらえる見解を提示した。本稿は基本的に『資本論』の文章の解釈論であって大筋においてそれを出るものではないが，上の形態Ⅱ→形態Ⅲについてはマルクスの説明不足を指摘し，あえて上の論理を補充した。それが真の意味でプラスアルファになるかどうかは今後の批判にまつ他はない。

　よくマルクス解釈学を教条主義と等置してマルクスをどれだけ「相対化」しえているかをもって「科学性」の基準とみる風潮があるが，実際はおそらく逆であって，正しい説得的な解釈なしにわれわれは決してマルクスから自由にはなりえないと思われる。また内奥に向かっての限りない「一体化」をくり返すことなしに正しい解釈はかちとれないのである。マルクスの「相対化」はその結果であって前提であってはならない。

　とはいえ，本稿はそれに向かってのきわめてささやかな試みにすぎない。大方の御批判，御教示をあおぐ次第である。

122

注

1）マルクス『資本論』第1巻第1分冊，社会科学研究所監修，資本論翻訳委員会訳，新日本出版社，1982年，第1分冊，157ページ。Karl Marx *"Das Kapital, Kritik der politischen Ökonomie* Erster Band" Diez Verlag, Berlin, 1971, S. 107.

2）久留間鮫造『価値形態論と交換過程論』岩波書店，1957年。

　「今やわれわれは次のようにいうことができる。価値形態論では貨幣の『如何にして』が論じられ，物神性論ではその『何故』が論じられるのに対して，交換過程論ではその『何によって』が論じられるのであると。」（40ページ）。

　またこの文章の少し前にはこうある。「価値形態論でも貨幣の形成が論じられるが，そこでの問題は貨幣形成の『如何にして』であって，『何によって』ではない。」

　明らかに久留間氏はここでの『商品が貨幣である』を貨幣の「形成」の問題，すなわち「商品が貨幣になる」ことと把えている。

3）久留間鮫造『貨幣論』大月書店，1979年。

　「久留間　ぼくの考えはそのときと変わっていないのですが，そこでは強調しなかったけれども当時からすでに考えていたひとつのことをつけ加えておきましょう。……人々の目に直接見えているのは，……商品の貨幣形態，価格形態です。これはつづめていえば，商品＝貨幣という形態でしょう。価値形態，物神性，交換過程の分析は，この貨幣形態に関連させていえば，この形態の，どのようにして，なぜ，なによって，を明らかにするものだと言えるのです。」（19～20ページ）。

4）内容上，文脈上の理由の他に，よく知られたもう1つの理由は，『資本論』の仏語版における当該部分の訳語が，「ある」（"etre"）ではなく「なる」（"devenir"）になっていることである。ここで独語原文と仏訳訳を対照させてみよう。

　　独語原文

　　"Dis Schwierigkeit liegt nicht darin zu begreifen, daß Geld Ware, sondern wie, warum, wodurch Ware Geld ist." （S.107）

第4章 「商品は貨幣である」の解釈について　**123**

仏語訳

"La difficulté ne consiste pas à comprendre que la monaie est marchandise, mais à savoir comment et pourquoi que marchandise devient monaie." (p.37).

Le Capital, par Karl Marx. Traduction de M. J. Roy, entièrement revisèe par l'auteur, Paris, Éditeurs, Maurice Lachatre et Cie, 1872-1875.

　たしかにこの事実は，本稿の結論に対する有力な反証をなすようにみえる。しかし果して本当に，これが「ある」を「発展・転化する」という意味での「なる」と解釈すべき決定的な証拠となるであろうか。われわれはそうは考えない。日本語の「なる」もそうだが，"devenir" には不可逆的な「発展・転化する」という意味の他に，もう少し可逆性のある「一時的に〜の位置（地位）を占める」といった意味がある。"Il est devenu ministre." 彼は大臣になったや，"Il est devenu l' objet de l' admiration générale." 彼はみんなの賞賛の的になったなどがそうである。その場合であれば少くとも「一時期」においては「彼は大臣であった」のだし「賞賛の的であった」のだから，「ある」と「なる」はほぼ同じ内容を表わしうる。その場合重要なのはそれがあくまで「発展・転化する」という意味の「なる」ではないということである。

5）前掲『資本語』第1分冊　154ページ。

　　"*Das Kapital* Erster Band" S.105.

　以下，邦訳については単に邦訳と記し，また，原本については KI と記すこととする。

6）久留間氏自身は「弁証法」という表現を用いてはいないが「矛盾」という表現を用いて，貨幣の「自然発生性」を際立たせている。

　「一般的等価物が如何にして形成されるか……が(価値形態論によって――筆者) すでに明らかにされているので，交換過程論において，この過程における商品の矛盾の展開をあとづけていって」（久留間『価値形態論と交換過程論』23 ページ）。

　「いうまでもなく，貨幣は……自然発生的なものであって反省の産物ではないということ，ブルジョア経済学者がしばしばいっているように『発明』されたものではないということ」（同上，25 ページ）

　「矛盾」による「自然発生」の論理こそもっとも集約的に表現された「弁証法」そのものだといってよいのではなかろうか。

7）なぜ，『資本論』において「交換過程」章が，「商品」章とは独立な一章をなしているのかという問題は，実のところが定説があるとはいい難い。しかしこれについてのヒントは，この商品所有者を登場させる導入部にあると思われる。ここで，マルクスは「商品は物であり，それゆえ人間にたいして無抵抗である。もしも商品が言うことを聞かなければ，人間は暴力を用いることができる」（KI, S. 99, 邦訳 144 ページ）と述べたり，「生まれながらの水平派であり犬儒派である商品……商品所有者は……商品体の具体性にたいする感覚を，彼自身の五感およびそれ以上の感覚でもって補う。」（S. 100, 145 ～ 6 ページ）とあるように，商品と商品所有者を対立関係にあるものとして描いている。このように対立し合うということは，一方が他方に従属する関係にはないということであろう。すなわち「交換過程」章を「商品」章に埋没させ，商品に商品所有者を従属させることはできないということではなかろうか。「交換過程」章を「商品」章に埋め込むことができないのは，「商品」論を「価値」論のなかに埋め込むことができないことと同様であろうと思われる。

8）本稿は，ローゼンベルクによる『資本論』解釈は，ほとんど支持しえないと考えているが，以下の点だけはやや示唆的な内容となっているように考える。それは，交換過程の矛盾を「売り」と「買い」に対応させて説明している部分である。

　「交換の段階はいまやそれ自身 2 つの段階に，W—G および G—W にわかたれる。最初の段階では商品は価値として実現せられ，第 2 の段階では使用価値として実現せられる。他面では，商品所有者 A にとっても，商品所有者 B にとっても，貨幣は一般的等価物である。一人の意志は他の意志によって麻痺されない。同様に交換は，同時に個別的な過程となり社会的事業となる可能性をうる。（一） 1 つの使用価値は他の使用価値と交換される，（二）そのさい，交換はそれらが一般的等価物に転化することによって行われる。」（ローゼンベルク『資本論』注解第 1 巻，梅村二郎訳，魚住書店，1932 年，189 ～ 190 ページ）。

　交換過程論における一商品の排除とそれによる貨幣導出の論理は，ここでローゼンベルクが示唆するように，「売り」と「買い」が分離しない場合の不合理を説明することによって，逆にその分離の必然性を論証するという『背理法』なのではないだろうか。従って周知の 3 つの矛盾はそれぞれ，「売

第 4 章 「商品は貨幣である」の解釈について　**125**

り」と「買い」に対応すると考えるのが自然だと考えるがどうだろうか。い
ずれにせよ，これは別稿の課題である。

9）このような通説の原型はローゼンベルクにみられる。

「三，貨幣の本質および発生にかんする諸見解の批判

この部分はマルクスによって『経済学批判』のうちで詳細に取り扱われてい
る。」（ローゼンベルク，前掲書，190 ページ）。

10）KI, S. 105　注（45）。邦訳 154 ～ 155 ページ。

11）ヒュームについては『経済学批判』の叙述が詳しい。

Zur Kritik der Politischen Ökonomie, 1859, SS. 135-140, 邦訳『経済学批
判』杉本優朗訳，大月書店，1953 年，209 ～ 217 ページ。以下『経済学批判』
についても，Kr と省略し，記述の便宜上原ページを先に書く。

12）KI, S. 105　邦訳 154 ページ。

「交換過程は，それが貨幣に転化させる商品に，その価値を与えるのでは
なくて，その独特な価値形態を与えるのである。この 2 つの規定の混同は，
金銀の価値を想像的なものとみなす誤った考えを生み出した。」

13）KI, S. 106, 邦訳 157 ページ。

14）KI, SS. 106 ～ 107, 邦訳 157 ページ。

15）Kr, S. 139, 邦訳 215 ページ。

「金銀はなんら内在的価値をもたず，したがって実際には現実的な商品で
はない。これがヒュームの第三の『必然的帰結』である。」

16）こうした表現の例としてたとえばマルクスによる「資本家の目的」の説
明をあげることができる。

われわれは常識的に資本家の目的は「個々の利得をうること」だと考えて
いる。しかしマルクスによれば，それは客観的には正確でない。彼は「利得
することの休みのない運動のみが資本家の直接的目的として取り扱われるべ
きである。」（KI,S. 168, 邦訳 261 ページ）とする。「休みない運動」が目的
だというのは常識を超えているという意味で「非常識」だが，これをマルク
スは次のように表現する。「資本家は合理的な貨幣蓄蔵者である。」（同
上）と。

いうまでもなく資本家は単なる貨幣蓄蔵者ではない。しかし「熱情的な価
値の追求」において，すなわち価値の追求を「休みなく」おこなう点で共通
している。この常識を超えた事実をあえて「貨幣蓄蔵者」という「日常的」

126

な語を用いて表現することで，その異常さを際立たせているのである。

17）岩井克人『貨幣論』筑摩書房，1993 年。

18）KI, S. 83，邦訳 118 ページ。

19）この点について岩井氏が述べている部分を 1 ヵ所やや長くなるが引用し
ておこう。

　「ここに，全体的な価値形態 B と一般的な価値形態 C とのあいだの『循環
論法』がしめされたことになる。

　結局，リンネルがほかのすべての商品に直接的な交換可能性をあたえてい
るならば，逆にほかのすべての商品はリンネルに直接的な交換可能性をあた
えることができ，ほかのすべての商品がリンネルに直接的な交換可能性を
あたえているならば，逆にリンネルがほかのすべての商品に直接的な交換可能
性をあたえることができるのである。すなわちリンネルは，それが全体的な
相対的価値形態であるときに一般的な等価形態になることができ，それが一
般的な等価形態であるときに全体的な相対的価値形態となることができる。
商品世界においては，リンネルが全体的な相対的価値形態であることと，リ
ンネルが一般的な等価形態であることとは，おたがいがおたがいの成立のた
めの根拠となっているというまさに宙づり的な関係になっているのであ
る。」（岩井，前掲書，53 〜 54 ページ）。

20）岩井，前掲書，42 ページ。

　「……これからわたしが示していこうと思うのは，『貨幣形態』にもし『秘
密』があるとしたら，それはこの貨幣形態を固有の価値形態とする商品世界
がまさに『循環論法』によって存立する構造をしているということなのであ
る。それは同時に，貨幣という存在が，商品世界におけるまさに『生きられ
た循環論法』にほかならないということを示すことにもなるのである。」

21）岩井，前掲書，43 ページ。

　「もちろん，なにかを得るためにはなにかを捨てなければならない。そし
て最後に捨てさられるのは労働価値論である。労働価値論から出発した価値
形態論が最終的に行き着く貨幣形態の『循環論法』のなかには，もはやその
労働価値論がはいりこむ余地はない。登るためにつかわれたハシゴは登りお
わったあとには捨てさられなければならないのである。」

22）KI, S. 83，邦訳 118 ページ。

23）この部分の叙述を重要と思われる部分のみ抜き出せば次のようである。

「……人間的労働は，統一的現象形態をもっていない。……とはいえ，展開された相対的価値形態は……第1の形態の諸等式の総計からなっているものにほかならない。……ところがこれらの等式はどれも，逆の関連ではまた次のような同じ等式を含んでいる。……こうして，20エレのリンネル＝1着の上着，または10ポンドの茶または＝等々という列を逆にすれば……次の形態が得られる。」（KI, S. 79，邦訳110 ～ 111ページ）。

24）富塚良三『恐慌論研究』未来社，1962年，264ページ。

　　「各商品がそれぞれの『私事』として展開する第2形態と，『商品世界の共同事業』としてのみ成立する第三形態とは本質的に異なり，前者から後者への転換には本質的な困難がある。この困難が……交換過程論において，『全面的交換の矛盾』としてあらわれてくるのである。」

25）頭川博「価値形態と交換過程」『金融経済』第182号，1980年。

26）KI, S. 63，邦訳84ページ。

27）KI, S. 110，邦訳161-162ページ。

28）KI, SS.117 ～ 118，邦訳175ページ。

29）この久留間解釈についてはすでに異説が出ている。

　　松石勝彦氏は「『いかにして，なぜ，何によって商品は貨幣であるか』は第2章交換過程論ですべて論じられている」と結論される。（松石勝彦『資本論の解明』青木書店，1993年，284ページ）。

　　しかしこの見解は「『商品は貨幣である』『商品は貨幣になる』『貨幣は商品そのものから発生する』という貨幣の発生説こそ，交換過程論の根本的課題であり，価値形態論ではとかれていない」とする見地に立つものであって首肯しえない。

30）KI,S. 106　邦訳157ページ。

　　またこれについては価値形態論のなかのA，簡単な，個別的な，または偶然的な価値形態，3等価形態においてより詳しく指摘されている。KI, S. 70，邦訳95 ～ 96ページを参照。

31）KI, S. 109，邦訳160 ～ 161ページ，注（50）。

第5章　サービス業の販売対象について

拙論の要点

　サービス業とは，主要な労働対象が顧客の所有物である産業のことであり，その生産物も労働対象と同様に顧客の所有物であるから業者が売ることはできない。したがってサービス業の販売対象は，生産過程から主要な労働対象を除いた「生産資本（の一時的使用）」である。生産資本の所有権は，業者と顧客とで二重化しているが，業者はあえて所有権を「行使しない」ことで，実質的に販売を行う。

「補強」の論理

　価値の「通時的，自己同一的」現象形態（商品論における「一時的，相対的」価値形態と対比），権利の「不行使」。

第5章　サービス業の販売対象について

は じ め に

　本稿は，サービス業の販売対象を「生産資本」と捉える試みである。以下，サービス業の販売対象についてのこれまでの代表的見解を批判的に検討したうえで，まず，生産資本が流動状態にあるにも関わらず，価値を有するとみなしうるのはなぜか，次いで，生産資本が販売されるという場合，所有権の移転はどのようになされるのか，最後に，サービス業の生産関係は通常の製造業の生産関係とどのように異なるのか，を論じることとする。なお，本稿でサービス業，サービス資本という場合，後述する理由から，「主要な労働対象が顧客の所有物」である産業ないし資本を指す。したがって，運輸業，運輸資本もサービス業，サービス資本に含まれることをあらかじめお断りしておく。

第1節　サービス業の販売対象についてのこれまでの 代表的見解

1　サービス業の販売対象を「労働」と捉える見解

　この見解については，サービスは価値を生まないとの立場から，一貫してサービスを「労働の有用的な働き」と規定してきた金子ハルオ氏の主張をとりあげたい[1]。金子氏は理容業を取り上げて次のようにいう。

　「理髪というサービス労働がはさみというサービス労働手段を使用してなされるということは，本質的には消費の主体である客によって，消費対象である理髪サービスが消費され，かつはさみという消費財であるサービス労働手段の使用分が消費され，そういう消費が合わさったということなのであり，けっして理髪労働とはさみとの結合の

独自の成果が生まれるわけでも，両者の結合の独自の成果が消費されるわけでもないのである。」[2]

この「客は理髪労働とはさみを別々に消費するのであって，理髪労働とはさみが合わさった成果を消費するわけではない」とする金子氏の主張は現実的だろうか。

たしかに，客自身が惣菜を選んで組み合わせるタイプの飲食店であれば，それらの惣菜は，それぞれに消費対象となるとみなせなくもない。選んで組み合わせるという行為自体が消費行為であり，惣菜はその選んで組み合わせる対象，すなわち消費対象であるとみることもできるからである。しかし理髪店の場合はそうではない。理髪店で理髪労働とはさみを結合させるのは，理容師であって客ではない。つまり理髪労働とはさみを結合させる行為は，どこからみても客の消費行為ではなく，理髪労働とはさみは，それぞれ単独では客の消費対象とはなりえないのである。

理髪店においては，はさみや剃刀，洗面台などの労働手段と理髪労働とが，別々にではなく，結合した状態で，理髪サービスとして客に提供され，その結合した状態を客が消費しているとみなすべきである。この点でサービス＝労働説は非現実的であるというほかない。

2　サービス業の販売対象を「有用効果」と捉える見解

ここでは有用効果説を代表する飯盛信男氏の所説を取り上げよう[3]。

飯盛氏は，運輸業を，場所移動という有用効果を生産し，販売する産業だとして次のようにいう。

「運輸業は場所移動というサービスを生産しこれを旅客あるいは貨物の所有者に販売するのであって，運輸の対象となる商品・人間を労働対象として購入しそれを加工して新たな生産物をつくりだすのではない。『資本論』第二巻一篇六章では「運輸業に投ぜられた生産資本は，一部は運輸手段からの価値移転によって，一部は運輸労働による価値付加によって，輸送される生産物に価値を付け加える」とされており，運送される人間と商品は労働対象（生産手段の一部）ではな

い。」[4]（下線－筆者）

また，さらにこの見解を一般化して，

「自然を対象とする物質的生産活動においては自然素材＝物質的基体としての労働対象が存在するが，自然を対象としないサービス部門（非物質的生産）のばあいは自然素材としての労働対象は存在しない。このことは物質的生産部門とサービス部門の決定的なちがいである。これはサービス部門の労働過程特性と呼ぶべきものである。」[5]（下線－筆者）とする。

飯盛氏のこの「労働対象不在説」は正しいだろうか。以下，便宜上，労働対象と書いた場合は，主要な労働対象（労働対象から燃料や漂白剤といった補助的労働対象を除いたもの）を指すものとする。

まず運輸業についての文章で引用されたマルクスの文章の解釈についてだが，マルクスは「輸送される生産物」を生産資本から除外してはいるが，それが労働対象でないなどとは一言もいっていない[6]。むしろマルクスが『資本論』第一巻第六章の冒頭で「労働者は……一定分量の労働を付け加えることによって，労働対象に新たな価値を付け加える」[7]（下線－筆者）と述べていることから考えて，ここでもまた，「価値を付け加える」対象であるところの「輸送される生産物」を輸送労働の「労働対象」とみていたと解釈するのが妥当であろう。

次に，「サービス部門（非物質的生産）のばあいは自然素材としての労働対象は存在しない」との飯盛氏の主張についてだが，飯盛氏自身がサービス業として認めている洗濯業や機械修理業[8]に「自然素材としての労働対象」は存在しないだろうか。たとえば，洗濯業における汚れた衣類は「自然素材としての労働対象」ではないが，染色業における白い衣類は「自然素材としての労働対象」だということになるだろうか。たしかに，洗濯業では汚れた衣類から汚れの成分を取り除くのに対し，染色業では衣類に染料を付け加える。取り除くのと付け加えるのとでは，方向性は逆だといえる。とはいえ，いずれも化学的処理であることに変わりはない。染色業における衣類が化学的処理の対象として「自然素材としての労働対象」なのだとしたら，汚れた衣類もそうでないはずはな

いのである。もう１つ，自動車修理業を例にとると，飯盛氏の見解では，壊れた部品を交換して取り付ける車体は，「自然素材としての労働対象」ではないことになるが，果たしてそうだろうか。部品取り付け作業そのものは，自動車製造業の最終工程におけるそれと変わりはなく，取り付けの対象である車体も，取り付け対象としての本質に変わりはないのではなかろうか。ここでも，自動車製造業の最終工程における車体が「自然素材としての労働対象」であるなら，自動車修理業における車体がそうでないはずはないのである。

　以上のことから，飯盛氏の「労働対象不在説」は到底支持することができない。おそらく，サービスの生産物を有用効果とみる飯盛説では，その有用効果と，サービス労働により変化した労働対象のどちらが生産物なのか，という問題が生じ，それを避けるために，労働対象を捨象せざるを得なかったのではあるまいか。しかし，労働対象のない生産資本はありえても [9]，労働対象のない労働はありえない。なぜなら，労働とは，労働対象の変化をあらかじめ脳裏に思い描いてなされる行為だからである [10]。

　つまるところ，有用効果説の誤りは，有用効果を生産物と捉え，その生産物を販売対象とした点にある。マルクスがいうように，有用効果は生産過程と切り離せないのであり [11]，買い手により貨幣が支払われるのは，その生産過程に，であって [12] 生産物に，ではないのである。

3　サービス業の販売対象を「人間の変化部分，とくに労働力の変化部分」と捉える見解

　この説をとっているのは，斎藤重雄氏と櫛田豊氏であるが，ここでは主として斎藤重雄氏の議論を取り上げたい。

　斎藤氏によれば，「人間を対象としてこれに働きかけ，人間に変化を与えることの成果がサービスである」[13]。ちなみに斎藤氏にとっては，人的サービスだけがサービスであり，物的サービスと一般にみなされている「洗濯や掃除，家屋の手入れ，等は一種の修理であり，物質的生産（財貨生産）の一種」[14] であるとしてサービスとは認めない。

ここで斎藤説の例をあげると，たとえば医療サービスでは「回復した健康」が，教育サービスでは「向上した知的能力」が，プロスポーツでは「転換された気分」が，理容サービスでは「整えられた髪」が，それぞれのサービスの販売対象となる。

しかしこの説の最大の難点は，これらの「回復した健康」，「向上した知的能力」，「転換された気分」，「整えられた髪」の所有者が顧客であってサービス業者ではない，という点にある。他人の所有物を売ることはできない。櫛田豊氏はこの点を意識して，サービスは特殊な取引であって売買ではないと主張するに至った[15]が，斎藤氏は，次のように述べてこの難点を切り抜けようとする。

「理髪店，等は，サービス商品を生産したのだが，サービスを所有せずに商品を所有しているのです。換言すれば，生産したサービスへの対価の請求権あるいは支払請求権を所有しています。なぜなら，サービス商品は，生産者への対価を伴うサービス，あるいは生産者が支払いを受けるサービスであり，商品生産者はこの対価を得る権利あるいは支払を受ける権利を所有しているからです。」[16]（下線－筆者）と。

みられるように，斎藤氏は，「サービス商品」なる概念を2つに分解し，顧客は「サービス」を所有するが，サービス業者である理髪店は「支払請求権」という交換しうるもの，すなわち「商品」を所有すると主張しているようである。

しかし，支払請求権と貨幣との交換は，商品の顧客への引き渡しを前提しているのであって，本来の商品は支払請求権とは別に存在する。その本来の商品こそは，第1項で金子ハルオ氏の所説を検討したさいに述べたように，理髪労働と理髪労働手段の結合としての理髪サービスである。なぜなら，顧客は整髪が完成する前から，その理髪サービスを消費しているのであり，消費している以上，顧客に引き渡されているからである。

他方，斎藤氏がサービスの内容としてもっぱら取り上げる，結果としての「整えられた髪」は，もともと顧客の身体の一部であるから，改めて顧客に引き渡すことはできない。このために斎藤氏は，貨幣と交換に

引き渡す対象として，本来の商品ではない支払請求権をわざわざ持ち出し，それを「商品」であると強弁せざるを得なくなったのである。

このような無理が生じるのは，斎藤説が，通常の製造業とサービス業との区別を，労働対象の違い，すなわち労働対象が物か人かで区別するという超歴史的な観点に立ち，生産手段の一部である（主要な）労働対象の顧客による所有という，すぐれて生産関係的な側面を軽視したためではないだろうか。

第2節 「価値の自立化」と生産資本

第1節において，既存の所説にはそれぞれ問題があり，それらの解決のためには，販売対象を生産資本と捉える必要があることを示唆した。

しかしそもそもなぜ，流動状態にある生産資本に価値が存在すると認め得るのだろうか。たしかに生産資本は単なる労働とは異なり資本の一形態であるが，製造業を中心とした本来の産業資本においては，交換関係から切り離されている。交換関係にない以上，他商品ないし貨幣によって自らの価値を表現することはできない。それでは生産資本は，どのようにして自らの価値存在を表現するのだろうか。この点で有力なヒントとなるのが，資本循環論における「価値の自立化」の論理である。以下まず，「価値の自立化」に関するマルクスの文章とそれに対する旧来の解釈を紹介し，次いで，価値の自立化を価値の「価値形態」からの自立化と捉える筆者の主張とその根拠を述べ，最後に，価値の自立化と生産資本における価値存在との関係にふれよう。

1 資本循環論と「価値の自立化」

マルクスは『資本論』第二巻第一篇第4章「循環過程の3つの図式」のなかで，「価値の自立化を単なる抽象とみなす人々は，産業資本の運動がこの抽象の"現実化"であることを忘れている。……あらゆる価値革命にもかかわらず資本主義的生産が……実存し続けることができるのは，ただ資本価値が増殖される限りにおいて，すなわち自立的価値と

してその循環過程を経過する限りにおいて……である。周期的価値革命
は，　価値が資本として身につけ，かつ自己の運動を通して維持し強
化していく<u>自立化</u>を確認する」（下線－筆者）と述べ，「価値の自立化」
に反対するベイリーに対し，「価値は，その循環のさまざまな局面にお
いて，自己自身と同一であり続ける限りでのみ，……資本として機能す
るということに少しも気が付かない」と批判する[17]。

　しかし，この「価値の自立化」とは価値が何から自立することだろう
か。そしてなぜ商品論ではなく，資本循環論で初めて説かれたのだろ
うか。

　価値の自立ないし自立化を，価値の「労働からの自立」と捉えて，独
自の転化理論を構成しようとしたのが毛利明子氏である。毛利氏は「労
働の生産した価値が逆に労働を搾取し包摂することによって自己増殖
する価値＝資本に転化した。……『資本論』第二部はこの自立した価
値の運動形態としての資本の流通過程の分析なのである。」[18]と述べる。
だが，これは毛利理論としては意味があるとしても，ベイリーとの関係
が不明確である点でマルクス解釈としては成り立たない。

　他方，ベイリーとの関係を意識して，価値の自立化とは「価値は交換
以前に存在していることを意味する」[19]としたのがローゼンベルグであ
る。しかしこの見解は，価値の本質が交換価値という現象形態に論理的
に先行するという意味だとしても，それがなぜ資本循環論で再説される
のかが説明できない。以下，価値の自立化を，価値の「価値形態」から
の自立化と捉えたうえで，資本循環論において初めて，資本の運動が価
値の表現様式＝現象形態となり，価値が「価値形態」から自立すること
を説明したい。

2　価値の「価値形態」からの自立化

　価値はその大きさを価値形態なしに表現することはできない。マルク
スはこの点について，次のように述べている。

　「労働時間による価値の大きさの規定は，相対的な商品価値の現象
　的運動の下に隠されている秘密である。この秘密の発見は，労働生産

物の価値の大きさが単に偶然的に規定されるだけであるという外観を取り除くが，この規定の物的形態を取り除きはしない。」[20]（下線－筆者）

「たとえば 10 ポンドの金の価値がどれだけであるかはわからない。どの商品もそうであるように，貨幣はそれ自身の価値の大きさを，ただ相対的に，他の諸商品によってのみ，表現することができる。」[21]（下線－筆者）

「価値尺度としての貨幣は，商品の内在的価値尺度である労働時間の必然的現象形態である。」[22]（下線－筆者）

しかし，価値は価値形態なしに表現しえないとしても，価値形態だけで表現せざるをえない，ということにはならない。価値形態を部分として含む，ある「統一体」が価値を表現してもかまわないはずである。その統一体こそ，資本の運動にほかならない。とはいえ，この価値表現としての資本の運動は，資本の生産過程論の論理段階では存在しえない。生産過程は資本の運動のあくまで部分過程であり，流通過程に補われて初めて「統一体」としての資本の運動が可能になるからである。

すなわち，循環運動にある資本の諸形態が「同時に空間的に並立」し，共通の内実としての価値の実存を示して初めて，資本の運動が，価値の表現様式＝現象形態となる。マルクスはいう。「資本は全体として，同時に空間的に並立して，さまざまな局面にある。しかし，どの部分も絶えずつぎつぎと一方の局面，一方の機能形態から，他方のそれに移行し，こうしてつぎつぎとすべての局面，すべての機能形態で機能する。それらの形態はこのように流動的な諸形態であり，それらの同時性は，それらの継起によって媒介されている。」[23]

つまり図1にみるように，縦に並んだ P と W と G は，空間的に同時に並立しているのであり，交換関係においてではなく，同一資本の継起的関係において，共通の内実としての価値の実存を表現しえているのである。

価値形態は，他商品との相対的，一時的関係における価値表現だが，図1の価値表現は，共時的であるとともに通時的であるがゆえに一時的

図1

$$G—W\cdot\cdot P\cdot\cdot W'—G'$$
$$G—\quad W\cdot\cdot P\cdot\cdot W'—G'$$
$$G—\quad\quad W\cdot\cdot P\cdot\cdot W'—G'$$

ではなく，一資本の自分自身との関係である点で相対的ではない。価値形態のみを自らの表現様式＝現象形態としている間は，価値は，その存在様式として相対的，一時的性格を払拭しきれず，ベイリーの批判を招いたが，この新たな通時的，自己同一的な表現様式＝存在様式を得たことで，ベイリーの批判を跳ね返す現実的基盤を確保したといってよい。換言すれば，価値形態という，相対的，一時的な表現様式＝現象形態に包摂されていた価値が，資本の循環運動という，自己同一的，通時的な表現様式＝現象形態を得ることで，逆に価値形態を包摂するに至ったということである。マルクスはこのことをもって，「価値の自立化」と呼んだのではないか，と思われる。

3　価値の自立化と生産資本

第2項で述べた価値の通時的，自己同一的な存在様式は，とりわけ生産資本にとって重要である。生産資本は，貨幣資本や商品資本とは異なり，交換関係から切り離されているがゆえに，いわゆる価値形態は持ちえないからである。しかし生産資本におけるもう1つの大きな問題は，生産資本が可変資本vを含み，その可変資本が$v+\varDelta v$となって価値増殖することである。この点についてマルクスは，次のように書いている。

「過程進行中の資本のこのように連続する諸変態には，循環中に遂行された資本の価値の大きさの変化と最初の価値との絶え間のない比較が含まれている。価値形成力である労働力に対して，<u>価値の自立化がG—A（労働力の購買）という行為で導入され，労働力の搾取としての生産過程中に実現されるならば，価値のこのような自立化は，</u>

二度とこの循環のなかでは現れないのであり，この循環のなかでは，貨幣，商品，生産諸要素は，過程進行中の資本価値の入れ替わり合う諸形態にすぎず，そのなかで資本の過去の価値の大きさが現在の変化した価値の大きさと比較される。」[24]（下線－筆者）

この下線を引いた部分は大変わかりにくい。しかし，資本循環における G，W（Pm，A），W'，G' がすべて交換関係において価値表現を得ているのに対し，生産過程で形成される剰余価値 $\Delta v = m$ は，少なくとも生産過程にある間は，交換関係における価値表現を得ていないことを考えると，マルクスはこの文章で，生産過程にある剰余価値 $\Delta v = m$ が，「資本の価値の絶え間のない比較」のなかで，交換関係にないにも関わらず価値として現象すると主張しているのではなかろうか。

まとめると，循環過程にある資本の諸形態が「同時に空間的に並立」し，生産資本 P と貨幣資本 G，商品資本 W との価値としての同等性が示されることによって「価値の自立化」がなされるとともに，生産資本 P が $v + \Delta v$ を含んで価値増殖し，変化することも，「資本価値の絶え間のない比較」によって，価値の通時的，自己同一的表現様式，すなわち「価値の自立化」として現象するということである。

以上で，生産資本が流動状態にあるにもかかわらず，価値を有する根拠が明らかになったと思われる。

第3節　サービスとしての生産資本の売買と所有権の移転

これまでの議論で，サービスの販売対象を生産資本と捉えることにいくつもの根拠があることが明らかとなったと思われる。しかし，たとえば，鉄道による旅客の運輸でいえば，鉄道会社が車両を乗客に売るはずがない。そうではなく，場所移動する車両の一部としての個人的消費対象，すなわち乗客の周辺の座席やつり革等の一時的使用が販売されるのである。とはいえ，車両の一部の一時的使用が販売されるのだとしても，その一部の所有権も鉄道会社は手放さないのではなかろうか。だとすれば，やはり販売はできないのではなかろうか。

第5章　サービス業の販売対象について　**141**

　実は同様の問題が，労働力商品の売買にも存在する。マルクスがいうように，労働者は労働力商品に対する所有権を手放さないからである[25]。労働者が所有権を手放さないにもかかわらず，マルクスが，労働力商品の取引を，賃貸ではなく売買と規定したのはなぜだろうか。売り手が所有権を手放さないとしたら，所有権の移転を本質とする売買がなぜ成り立つのだろうか。以下，迂回するようだが，まずこの労働力商品の売買において，所有権の移転がどのようになされるかを明確にしたうえで，そのいわば応用として，サービスとしての生産資本の売買のメカニズムに迫ることとしたい。

1　二重権利状態と権利の不行使
——労働力商品の売買——

　まず，雇用者である資本ないし資本家が，労働力商品を「所有」しているのか，それとも「占有」しているにすぎないのか，を考えてみたい。労働力商品は売買ではなく賃貸されるとの立場に立てば[26]，当然後者が正しいということになり，占有しているにすぎないからこそ，行き過ぎた使用は許されず，法的な労働者保護が求められるという理解になる。

　たしかに，労働力商品は通常の商品のように転売することはできない。しかしそれには，賃金後払いが原則だという，労働力商品の特殊事情を勘案しなくてはならない。賃金後払いでは，労働力商品の所有権は移転しているとしても売買は完了しておらず，売買が完了したときには，一日分の労働力としての労働力商品はすでに消費されて存在しないからである。

　ここで改めて，一日分の労働力の使用としての労働力商品は，仮に借りたとしても，一日の終わりには消費されてなくなってしまうから返しようがない，ということを強調しておきたい。とはいえ，賃貸される対象がそうした一時的使用ではなく，労働力商品の基体[27]としての労働者の肉体と人格だとしたらどうだろうか。その場合には賃貸説が成立しそうにみえる。ところがこの場合には，「原状回復の義務」がどちらに属するかが問題となるのである。部屋を借りれば，間借入が敷金・礼金

を払わねばならないように，借り手には，できるだけ原状を回復する義務がある。したがって，労働力商品（基体）賃貸説に立つなら，借り手である資本（家）には，労働力商品（基体）の原状を回復する義務がある。しかし，このようなことは現実にはありえない。労働力商品（基体）の原状を回復し，労働力商品を再生産するのは，資本（家）の義務ではなく，労働者の権利だからである。したがって，労働力商品（基体）が賃貸されるとしても賃貸説は成り立たないとみるべきである。

　では逆に，労働者はなぜ，すでに労働力商品を資本（家）に売却し，消費されつつあるにもかかわらず，それに対する所有権を手放さないのだろうか。

　実は労働者は，通常は，労働力商品に対するその所有権を「行使しない」のである。所有権を行使してしまったのでは，販売したことにならないことを，労働者も了解しているからである。生産過程にあるあいだ，労働者は原則として資本（家）の指揮・命令に従い，資本（家）が自ら買い取った労働力商品に対する所有権を「行使する」に任せる。しかしながら，資本（家）による所有権の行使が，労働力そのものの範囲を超えて，労働力を内包するところの，労働者の肉体と人格[28]の利用と破壊に及ぶとき，労働者は，その肉体と人格に対する所有権とともに，その一部である労働力商品に対する所有権をも行使して抵抗せざるをえなくなるのである。なぜなら，近代的賃金労働者は奴隷ではなく，労働力は売っても，肉体と人格まで売っているわけではないからである。

　しかし，このような所有権と所有権の対立が生じるのは，あくまで資本（家）による，労働力商品に対する所有権の行使が，部分としての労働力の範囲を超えて，全体としての労働者の肉体と人格にまで及んだ場合である。そうではなく，所有権の行使の範囲が部分としての労働力にとどまる限り，資本（家）は唯一の所有権の行使主体として労働力を消費し，ここに実質的な所有権の移転すなわち売買の実質的内容が実現するのである。

2 二重権利状態と権利の不行使
——サービスとしての生産資本の売買——

　第1項で述べた，労働力商品売買のメカニズムを，サービスとしての生産資本の売買に適用してみよう。労働力商品の売買とは逆に，サービスとしての生産資本の売買においては，資本（家）が売り手になる。

　簡単のためにここでは，全席指定の特急列車による運輸サービスを例にとることとする。われわれの考えでは，客は「特急列車の座席等の一時的使用」を買うわけである。それでは客は，「座席等の一時的使用」に対し，所有権を有するといえるだろうか，それとも占有権を有するにすぎないだろうか。

　ここで最も重要な試金石として，転売・譲渡が可能か，という点を考えてみよう。このうち転売は，第1項で扱った労働力商品のように，料金の「後払い」が原則であればはじめから不可能である。しかし，特急列車の座席の一時的使用については，特急券を購入するという形式，すなわち「前払い」が原則だから，所有権を有しさえすれば転売・譲渡は可能のはずである。では実際はどうだろうか。

　よく知られているように，観光会社は，シーズン前に，観光名所に向かう特急列車の特急券をあらかじめ一定数買い占めておいて客に転売することをつねとしている。パッケージ旅行などを企画して売る場合，パッケージが売れてから特急券を買うようでは遅すぎるからである。観光会社同士の特急券の売買も，おそらくは日常的になされているとみてよいであろう。すなわち，特急券の転売は可能である。

　特急券の譲渡についても，両親などに旅行をプレゼントする場合や大事な客を招待する場合，ホテルの宿泊券とともに，特急券がプレゼントや招待の内容に含まれていることが多いことから考えても，特急券の譲渡は可能というべきである。このように，転売も譲渡も可能だということは，客は，「特急列車の座席等の一時的使用」を占有しているだけではなく，所有しているのである。

　ところが，本節の最初に述べたように，サービス資本，この場合鉄道

会社は，「座席等の一時的使用」といえども，その所有権を手放さない。だとすれば，鉄道会社の所有権と客の所有権がぶつかることはないのだろうか。仮に鉄道会社がその所有権を行使し，理由も告げずに客に座席の交替を命じたとすれば，客は，その座席の一時的使用に対する所有権を主張して抵抗するであろう。このような権利と権利の対立は起こらないのだろうか。

　結論からいえば，通常は起こらないといえる。なぜなら，第1項の労働力商品売買のケースと同様に，買い手である乗客の権利の「行使」が「座席等の一時的使用」にとどまる限り，売り手である鉄道会社はその所有権を「行使しない」からである。問題は，乗客による権利の行使が「座席等の一時的使用」にとどまらない場合である。たとえば，携帯用の音響機器をイヤホンで聞いている乗客がいて，そのイヤホンからの音漏れがひどく，隣席の乗客に迷惑がかかっているといった場合がそれである。そうした場合，隣席の乗客のほとんどは，当の騒音を立てている乗客に直接注意するのではなく，サービス提供者である乗務員に注意するよう要請するであろう。つまりこの場合，イヤホンで音楽を聞いている乗客の「座席の一時的使用」に対する所有権の行使が，個人的消費対象の範囲を超えてしまい，全体の領域に及んだために，全体の所有者である鉄道会社が，その所有権を行使せざるを得なくなったのである。この場合の権利と権利の対立は，トラブルに発展することもあり得るとはいえ，概して騒音を立てている乗客にとって不利であり，この客が自粛して決着することが多い。それは，全体の利害が部分の利害にまさるからである。

　もう1つ，鉄道会社がその全体に対する所有権を行使せざるをえない例として，客のなかに急病人が出て列車を遅らせざるをえなくなったケースを取り上げよう。当然，鉄道会社は，人命尊重の立場から，全体に対する所有権を行使し，「時刻表どおりに進行する特急列車の座席の一時的使用」に対する全乗客の所有権の若干の侵害を伴いつつも，急病人の処置を優先するであろう。この場合，先ほどのイヤホンからの音漏れのケースと異なり，自粛するのは問題を起こした当人ではなく，周り

の乗客であるが，鉄道会社側の処置の了解は得やすく，トラブルに発展することはまれだといえよう。

以上のようなケースを除けば，乗客は，その「座席等の一時的使用」に対する所有権の唯一の行使主体として，それを消費し，ここに実質的な所有権の移転すなわち売買の実質的内容が実現するのである。

3　労働力商品の売買とサービスとしての生産資本の売買の異同

上の第1項と第2項で明らかになったように，労働力商品の売買と，サービスとしての生産資本の売買とは，資本家の立場こそ，前者は買い手，後者は売り手と対照的であるものの，売買のメカニズムは極めて類似している。どちらも，同じ対象に対して同時に所有権を有するという二重権利状態にあるが，売り手がその権利を「行使しない」ことで所有権の実質的移転，すなわち実質的な売買がなされるのである。

両者がこのように類似してしまうのは，どちらも，全体と切り離せないにもかかわらず部分のみを販売しようとするからである。労働者は，その肉体および人格と，その内部にある労働力とが切り離せないにもかかわらず，労働力のみを販売しようとする。鉄道による旅客輸送サービスにおいても，移動する車両と，その内部にある座席等は切り離せないにもかかわらず，座席等の一時的使用のみを販売しようとする。

しかし，両者には本質的な相違点も存在する。それは労働力商品が，特殊な形態においてであれ商品であるのに対し，サービスとしての生産資本は商品とは認めがたい，という点である。サービスとしての生産資本についても，使用価値と価値がある以上，商品と認める見解もありえようが，商品の使用価値には，「商品体」の意味も含まれていることに注意しなくてはならない。通常の商品においては，マルクスが「商品体そのものが，使用価値または財である」[29]と述べているように，商品体と使用価値は一体化している。したがって通常の商品について使用価値と価値があるということは，使用価値と商品体および価値の3者があるということなのである。この点を敷衍すると，商品であるということは，実質的に，使用価値と価値，および商品体の3者が存在するという

ことであり，逆にその3者がそろわなければ，それは商品とは認めがたい，ということなのである。

労働力商品においては，マルクスが述べているように「力の譲渡と，力の現実の発揮すなわち力の使用価値としての定在とは，時間的に離れている。」[30] したがって，「力」すなわち，譲渡される労働力商品の商品体と，「力の発揮」すなわち，労働力商品の使用価値としての定在とは分離していると考えざるをえない。その点で労働力商品は通常の商品とは異なる。しかし異なるとはいえ，使用価値，商品体，価値の3者がそろっている点で，労働力商品は文字通り商品なのである。

しかし，サービスについてはそうではない。交通業，輸送業についてマルクスは「生産過程の生産物が新たな対象的生産物でなく，商品でないような自立的な産業部門がある。そのうちで経済的に重要なのは交通業だけである。」[31]（下線－筆者）と述べたうえで，「輸送業が販売するものは，場所の変更そのものである。」[32]（下線－筆者）としている。つまり，マルクスは，交通業，輸送業の販売対象は「商品ではない」と考えており，その理由を「対象的生産物ではない」点に求めていると思われるのである。この「対象的生産物」を「商品体」に置き換えても，大きな齟齬はないであろう。このような事実関係は，交通業，輸送業に止まらず，サービス業一般にあてはまる。よってサービス業については，その販売対象を商品とは認めがたいのである。

なお，マルクスが輸送業の販売対象とした場所変更＝有用効果については，マルクス自身「生産過程の期間中にのみ消費されうる。……この過程とは異なる使用物としては実存しない。」[33]としており，筆者はそれを生産過程に含まれる中間生産物のようなものと考えていることを付言しておく。

第4節 「主要な労働対象の所有」と生産関係の変化

第2節と第3節で明らかにしたように，サービスとしての生産資本は，価値を有し，実質的に売買されることで，通常の商品流通の中に埋

め込まれているといってよい。しかし同時にその流通は，価値が資本の循環運動という表現様式＝現象形態によってのみ存在し，売買が，所有権の二重設定と売り手によるその不行使という，固有の形式でなされるという点で，特殊である。それは，消費されてはじめて使用価値が現出するがゆえに，販売対象が流動状態で取引されざるをえず，なおかつ，その販売対象に対し，消費主体の所有権と販売主体の所有権が同時に設定されるからである。

　では，そのことは，社会全体の生産関係に，どのような影響をもたらすだろうか。本節ではその問題を考えてみたい。

1　「主要な労働対象の所有」とサービスの定義

　現代のサービス業の歴史的な原型は，古代や中世における王侯・貴族の召使たちの労働である。サービスする者とされる者との間の支配・従属関係が，サービスされる者としての王侯・貴族とサービスする者としての召使との間の支配・従属関係にまでさかのぼれるからである。

　現代のサービス業においても，サービスされる者である顧客と，サービスする者であるサービス業者（資本）との間には支配・従属関係がある。顧客は上位にあってサービス業務の開始と終結，さらにその大きな方向性を決める権利を有する。逆にサービス業者は，業務の専門家として労働過程を支配・管理するものの，大きな方向性について顧客と対立した場合には，下位にあるものとして顧客に従わざるをえない。

　他方，現代のサービスの原型を，原始共同体における女性たちの育児労働や介護労働にまでさかのぼることはできない。育児労働や介護労働の対象である，サービスされる者としての乳幼児や高齢者と，労働の主体であるサービスする者としての女性たちの間に支配・従属関係はないからである。

　では，サービスする者とされる者との間に支配・従属関係があるのはなぜだろうか。唯物史観に従うなら，経済的な支配・従属関係の要因は，まずは生産手段の所有関係に求められねばならない。古代，中世における王侯・貴族と，その家内奴隷的な召使の関係についていうなら，生産

手段が全面的に王侯・貴族に帰属するのに対し，召使は自らの肉体と人格すら所有しているとはいいがたい状態にあり，その支配・従属関係の根拠は自明である。

しかし，王侯・貴族が，遍歴の仕立て職人や，すでに名のある医師を雇い入れる場合には，その仕立て職人のハサミや巻尺，医師の聴診器や注射器の所有権は，王侯・貴族にではなく，職人や医師に帰属する場合も多いであろう。その場合，生産手段の一部である労働手段は職人や医師が所有している。その限りでは，職人や医師のほうが王侯・貴族よりも優位にある。にもかかわらず，大枠においては王侯・貴族が職人や医師を支配し，職人や医師は王侯・貴族に従属せざるをえないのである。

その理由の１つは，王侯・貴族が，職人や医師の労働と労働手段の損耗分に対し，対価を支払うことである。その限りで，王侯・貴族は，職人や医師の労働力と労働手段の一部を，一時的に所有しているということができる。しかし職人や医師も，その労働力と労働手段に対する所有権を手放さないのだから，それだけでは，両者の権利の同等性を説明できるだけで，支配・従属関係は説明できない。

実は，職人や医師が，決して所有できない生産手段の一部があるのである。それが仕立て職人の労働対象である布地であり，医師の労働対象である，王侯・貴族の身体である。前者は対物サービスであり，後者は対人サービスであるが，布地も王侯・貴族の身体も，王侯・貴族の所有物であることに変わりはない。いうまでもなく，労働対象がなければ労働を提供することはできない。労働過程の不可欠な要素であり，生産手段の一部である労働対象の所有権が，王侯・貴族に一方的に帰属する以上，独立性の高い職人や医師も，王侯・貴族に従属せざるを得ず，逆に王侯・貴族は，職人や医師を支配することができるのである。

現代のサービス業においても，基本的な関係は同じである。現代のサービスの生産者であるサービス業者は，労働手段だけでなく，燃料や電気といった補助的労働対象も所有しているが，主要な労働対象が，サービスの消費者である顧客に所有されている点は同じだからである。

以上をまとめるなら，古代や中世の王侯・貴族の召使が提供するサー

ビスも，やや独立性が高く，一時的に王侯・貴族に雇われる職人や医師のサービスも，そして現代のサービス業におけるサービスも，「主要な労働対象の所有権」がサービス消費者である顧客にあり，大枠において，顧客がサービス生産者を支配し，逆にサービス生産者は顧客に従属する関係にある，ということである。このことから，サービス業の定義を「主要な労働対象が顧客の所有物である業種」とすることに，十分な根拠があることが明らかになったと思われる。

2　資本主義におけるサービス生産関係の特殊性

　ではここで，商品生産が一般化している資本主義において，サービス生産関係がいかに特殊であるかを確認しておこう。例として再び鉄道による旅客の輸送を取り上げることにする。

　鉄道輸送の労働対象である旅客の所有者は旅客自身であって鉄道資本ではない。この点が主要な労働対象の所有者が資本であって顧客ではありえない通常の製造業との根本的な相違である。この旅客による自分自身＝労働対象の所有が旅客輸送サービスの生産における，旅客の鉄道資本に対する支配を根拠づける。このサービスの生産過程における，顧客とサービス業者（資本）との間の支配・従属関係は，サービス生産関係の，通常の商品の生産関係にはない特殊性である。通常の商品の売買においても，流通過程においてこそ，売り手は買い手の欲求を引き出すべくすすんで従属的な位置に立とうとするが，その売り手と買い手の間の支配・従属的な関係が生産過程にまで及ぶことはない。その意味で，サービス産業に雇われている労働者は，サービス資本に支配されるとともに，顧客にも支配されるという特殊な生産関係にあるといえる。これが資本主義におけるサービス生産関係の第一の特殊性である。

　ところで実は，生産過程＝消費過程においても，買い手が売り手を支配するという点では，サービスの売買と労働力商品の売買は類似している。特殊な商品である労働力商品の消費過程は一般の商品の生産過程であり，その生産過程においては，生産手段の所有者が非所有者を支配する。そして生産手段の所有者が，労働力商品の買い手である資本家なの

であるから，「一般商品の生産過程」＝「労働力商品の消費過程」において，買い手である資本家が売り手である労働者を支配し，逆に売り手である労働者は買い手である資本家に従属する。

とはいえ，労働力商品の売買と，サービスの売買の共通点もそこまでである。労働力商品の場合，労働者の消費過程としての労働力商品の生産過程と，労働力商品の消費過程である商品の生産過程とは時間的，空間的に分かれている。それに対し，サービスの生産過程は同時にその消費過程であり，両者は分かれていない。したがってサービスの生産は，その消費者すなわち顧客に対し，ある程度オープンな形で行われざるを得ず，その公開性という点で，商品生産を構成する私的労働[34]とも，労働力商品が生産される，労働者個人の消費過程とも異なっているのである。その点が，サービス生産関係の第二の特殊性である。

他方，顧客に対して従属的な位置にあるサービス業者（資本）は，生産手段の一部である労働手段（鉄道輸送においては車両）と補助的労働対象（鉄道輸送においては電力もしくは重油など）を所有している。しかも，サービスの労働過程，生産過程の内部では，労働対象が受動的であるのに対し，労働手段と労働力は能動的な位置にある。したがって，サービスの生産過程＝消費過程の内部では，サービスの開始と終了，その大きな方向性といった大枠では顧客がサービス業者（資本）を支配するものの，より専門的具体的な内容については，逆に，サービス業者（資本）が顧客を支配する。この点が，サービス生産関係の第三の特殊性といえよう。

3　サービス業の発展による生産関係の変化

古代，中世において，召使のサービスや，やや独立性の高い仕立て職人や医師などのサービスを享受した王侯・貴族や，近代の資本家層についていえば，彼らは，サービス労働の労働対象の所有者であっただけでなく，生産手段の所有者でもあった。

しかし，現代資本主義におけるサービスの消費者は，労働者階級を含む一般の勤労者に広がっている。彼らは，一般の生産手段を所有してい

ない，という点では無産者だが，サービス生産における生産手段の一部であるサービス労働対象を所有している点では，単なる無産者ではなくなっている。誤解を恐れずにいえば，現在，サービス消費者階級ともいうべき階級が生成しているといえなくもないのである。

もちろん，生産手段の所有といっても，生産手段のなかでも受動的な位置にある労働対象の所有に限られており，その規模も小さく，かつ，サービス消費者は数が多いだけに分断され，孤立している。にもかかわらず，一時的にではあれ，かつての王侯・貴族の立場に，一般大衆が立てる根拠として，生産力的要因だけでなく生産関係的要因も存在するという事実は重要である。

とりわけ，今日の不況の長期化と格差の拡大のなかでも，貧困な大衆の意識が，しばしば支配層の意識と共振してしまう1つの根拠にそれがなっている可能性は否定できないのである。

おわりに
——まとめに代えて——

以上，本稿では，資本の循環運動に伴う「価値の自立化」によって，生産資本にも価値の存在が認め得ることを前提に，サービスとしての生産資本が，二重権利状態と権利の不行使という特殊な形式によって実質的に売買されること，及び，「主要な労働対象が顧客の所有物である業種」としてのサービス業の発展が，新たな生産関係を生成しつつあることを明らかにした。今後，これらの結果をもとに，サービス業の現状分析にせまってゆくこととしたい。

注

1）「私は，一般的規定としてのサービスを「生きた活動状態のままで，消費者に提供されるような労働の有用的な働き」と規定した。」（金子ハルオ『サービス論研究』創風社，1988年8月，143ページ。

2）同上。なお，金子氏は，この文章に注をつけ，「ここの説明は，私の一般的規定としてのサービスについての見解をもっとも明確に示すものである」としたうえで，米の消費過程をとりあげ，「消費者（家族）は，……ご飯を，しゃもじを使って茶碗に盛り，食卓に運び，箸を使って食べる……しかし，経済学は，この米の実際の消費過程を，本質的には米の消費と他の消費財やサービスの消費とが量的に合計されたものと捉えて，米そのものの消費過程と把握する。けっして，米と炊飯サービスと炊飯器と茶碗と箸とが結合して消費されたことから生ずる独自の成果を消費すると捉えてはならないのである。」（同上，149～150ページ）と述べる。みられるように金子氏は，家庭内の消費過程をサービスの例としてとりあげている。しかし，金子氏のいう「経済学」がマルクス経済学であるならば，「炊飯サービス」と名づけられた家庭内での家事労働と，サービス産業におけるサービス生産とを同一視することはできないはずである。なぜなら，前者は，極小化されているとはいえ共同体内分業の一分肢であるのに対し，後者は，共同体と共同体の間の商品交換を発端とする社会的分業の一環だからである。

3）有用効果説ないし有用効果生産説がサービス論争史に占める位置と，有用効果生産説のなかで飯盛氏の占める位置については，飯盛信男『日本経済の再生とサービス産業』青木書店，2014年2月の第6章，第7章が詳しい。

4）飯盛，前掲書，166～167ページ。

5）同上，168ページ。

6）マルクスは（5）の文章の直前で「諸物の消費はそれらの場所変更を，したがって輸送業の追加的生産過程を必要としうる。」と述べ，直後に「どの生産過程の内部でも，労働対象の場所変更と，それに必要な労働手段および労働力は，大きな役割を演じる。」と述べている（マルクス『資本論』資本論翻訳委員会訳，新日本出版社，第5分冊，1984年11月，235ページ，ヴェルケ版『資本論』ディーツ社，第二分冊，原書ページ151。なお，以後『資本論』の邦訳については，新日本出版社，資本論翻訳委員会訳の分冊のページ数を～ページで，原書ページについては，K, S.～で表すこととする）。

たしかに，直後の文章の「労働対象の場所変更」における労働対象は，紡績労働の対象である綿花や採掘労働の対象である石炭を指し，輸送労働の対象を直接指示していないようにみえる。しかしこの労働対象は，まぎれもなく場所変更の対象なのである。そして「それ（場所変更）に必要な労働手段および労働力」とあるように，場所変更はれっきとした労働なのである。れっきとした労働である場所変更の対象を，マルクスが労働対象と考えないはずがない。

7）『資本論』前掲書，第2分冊，1983年1月，340ページ，KI, S, 214

8）飯盛，前掲書，44ページ。ここに掲げられている表（サービス業主要業種の従業者数）の生活関連の欄に洗濯業が，企業関連の欄に機械修理業がある。

9）「生産資本はつねに労働手段を含むが，つねに労働材料を含むとは限らない」（『資本論』前掲書，第六分冊，1985年1月，330ページ，KII, S.211）。マルクスはここで，アダム・スミスの「土地，鉱山，および漁場を経営するには，いずれも固定資本と流動資本との両方が必要である。」との主張を批判的に検討しているので，自然そのものを労働対象とするような，第一次産業を念頭においていると思われる。たとえば，海洋そのものは，私的所有の対象にはならず，したがって生産資本にもならないが，労働対象ではあるからである。

10）「労働過程の終わりには，そのはじめに労働者の表象のなかにすでに現存していた，したがって観念的にすでに現存していた結果が出てくる。彼は自然的なものの形態変化を生じさせるだけではない。同時に，彼は自然的なもののうちに，彼の目的を実現する」（『資本論』前掲書，第二分冊，305ページ，KI, S. 193）。この文章の「自然的なもの」が労働対象を指すことは疑いない。なぜなら，労働により形態変化を生じるのは，まずは，形態を変化させる「対象」，すなわち労働対象だからである。

11）「生み出される有用効果は，輸送過程すなわち輸送業の生産過程と不可分に結びつけられている。」（『資本論』前掲書，第五分冊，87ページ，KII, S. 60）

12）「生産過程から分離されうる生産物ではなく，生産過程そのものが支払われ消費されるからである。」（同上，88ページ，KII, S. 61）

13）斎藤重雄，貝塚亨『サービス経済論入門』桜門書房，2008年7月，6ページ。

14）同上，13ページ。

15)「私は，サービス生産物に債権が設定されることで権利義務関係が発生するサービス業の経済的取引を"サービス提供契約"と呼ぶことにする。」(櫛田豊『サービス商品論』桜井書店，2016 年 10 月，47 ページ)。

16) 斎藤ほか，前掲書，54 ページ。

17)『資本論』前掲書，第五分冊，166 〜 168 ページ，KII, SS. 109—110。

18) 毛利明子『資本論の転化理論』法政大学出版局，1976 年 1 月，292 ページ。

19) ローゼンベルク『資本論注解』第三巻，梅村二郎訳，魚住書店，1962 年 11 月，166 ページ。

20)『資本論』前掲書，第一分冊，1982 年 11 月，128 ページ，KI, S. 89。

21) 同上，157 ページ，KI, S. 106。

22) 同上，160 ページ，KI, S. 109。

23)『資本論』前掲書，第五分冊，164 ページ，KII, S. 108。

24) 同上，167 ページ，KII, S. 110。

25)「人格としての彼は，自分の労働力を，いつも自分の所有物，それゆえまた自分自身の商品として取り扱わなければならない。そして，彼がそうすることができるのは，ただ，彼がいつでも一時的にだけ，一定の期間だけに限って，自分の労働力を買い手の処分にまかせ，したがって労働力を譲渡してもそれにたいする自分の所有権は放棄しないという限りでのことである。」(下線－引用者)(『資本論』前掲書，第二分冊，287 ページ，KI, S. 182)

26) 斎藤重雄氏は，「近代の労働者の労働力については，雇用主による廃棄や転売は不可能です。不可能であると言うことは，雇用者が処分権を持たず，使用権と収益権だけを有すること，換言すれば占有権だけを持つことを意味します。そして占有権の有償な移譲は賃貸借であり，労働力の賃貸借料が賃金です。」(斎藤ほか前掲書，106 ページ) と述べて，労働力商品賃貸説をとっている。なお，労働力商品の取引が売買なのか賃貸なのかをめぐる論争については，鈴木和雄『労働力商品の解読』日本経済評論社，1999 年 12 月，および，櫛田豊『サービスと労働力の生産』創風社，2003 年 9 月が詳しい。

27)「労働日を無制限に延長することによって，あなた(資本家－引用者)は，一日のうちに，私(労働者－引用者)が三日間で補填できるよりも多くの量の私の労働力を流動させることができる。こうしてあなたが労働において得るものを，私は労働実体において失うのである。」(下線－引用者)(『資本論』前掲書，第二分冊，397 ページ，KI, S. 248)。筆者が「労働力商品の基体」という表現で表したかったのは，上に引用した文章でマルクスが「労働

実体」と表現したものと同じである。労働実体の原語は Arbeitssubstanz で，労働の元本といった意味だと思われるが，実体も元本も日本語としては意味がとりにくいので，基体とした。

28）「われわれが労働力または労働能力というのは，人間の肉体，生きた人格性のうちに実存していて，彼が何らかの種類の使用価値を生産するそのたびごとに運動させる，肉体的および精神的能力の総体のことである。」（下線－引用者）（『資本論』前掲書，第二分冊，286 ページ，KI, S. 181）。

29）『資本論』前掲書，第一分冊，61 ページ，KI, S. 50。

30）『資本論』前掲書，第二分冊，297 ページ，KI, S. 188。

31）『資本論』前掲書，第五分冊，86 ～ 87 ページ，KII, S. 60。

32）同上，87 ページ，KII, S. 60。

33）同上，88 ページ，KII, S. 60。

34）「そもそも使用対象が商品になるのは，使用対象が互いに独立に営まれる私的労働の生産物であるからにほかならない。これらの私的労働の複合体が社会的総労働をなす。」（『資本論』前掲書，第一分冊，124 ページ，KI, S. 87）。

第6章　転形問題と回転時間
——運輸部門と回転時間の短縮——

拙論の要点

費用価格の生産価格化は，第一循環から第二循環への移行過程，すなわち W'—G'・G—W で起きる。ここでの「流通費の節約」は生産価格には影響しない。特に，運輸資本が自立して，複数の産業の商品を運ぶようになると考えれば，回転時間の短縮によって輸送費が節約され，貨幣としての総利潤は総剰余価値と一致しうる。

「補強」の論理

運輸資本の回転時間の短縮による流通費用の節約。

第6章 転形問題と回転時間
——運輸部門と回転時間の短縮——

は じ め に

　価値の生産価格への転化をめぐる転化問題ないし転形問題[1] においては，回転時間の問題は，マルクスが「回転時間の相違が引き起こしうる区別はしばらく度外視される」[2] と述べたこともあって，ほぼ捨象されてきたといってよい。とくに，転形問題の中心というべき費用価格の生産価格化の問題の検討においては，投入と産出を扱いうるという理由から再生産表式を用いることが多く，全部門の回転時間を同一と仮定するという再生産表式の前提をそのまま与件とすることで議論が展開されてきた[3]。

　しかし，再生産表式は商品資本の循環を基に構築されている。そもそも商品資本をもたない部門ないし資本であれば，この同一の回転時間という，再生産表式の前提をあてはめる必要はない。実は，そのような部門ないし資本が，運輸部門ないし，運輸資本なのである。

　本稿は，この運輸部門の回転時間のフレキシビリティーを突破口として，転形問題の中心というべき費用価格の生産価格化の問題の解決を図ろうとする試みである。以下まず，従来の通説化した見解を確認することから始めたい。

第1節　通説化した見解による剰余価値縮小の容認

1　価値どおりの費用価格を前提とした，価値の生産価格への転化

　消費者の需要の影響が間接的な第一部門においては，当面，同部門内の取引で完結しうる Ic 部分が自立的に発展する傾向がある[4]。このた

式1

Ⅰ　4,000c＋1,000v＋1,000m＝6,000，個別利潤率20%（生産手段生産部門）

Ⅱ　2,000c＋1,000v＋1,000m＝4,000，個別利潤率33.3%（消費手段生産部門）

式2

Ⅰ　4,000c＋1,000v＋1,250p＝6,250，平均利潤率25%（生産手段生産部門）

Ⅱ　2,000c＋1,000v＋750p＝3,750，平均利潤率25%（消費手段生産部門）

め一般的には，第一部門の有機的構成が第二部門の有機的構成より高くなりがちだといえる。

　ここでもそれを前提し，式1のような数値例を設定する。なお，マルクスがそうしているように，ここでは，もっぱら価格の変化に焦点を当て，資本移動に伴う数量の変化は捨象する[5]。

　ここで利潤率の均等化が起きれば，平均利潤率は25%となり，第一部門の価値6,000は，5,000×1.25＝6,250の生産価格に，第二部門の価値4,000は，3,000×1.25＝3,750の生産価格にそれぞれ転化する。価値から生産価格への変化率は，生産手段については1.0417倍，消費手段については0.9375倍である（式2）。

　なお，繰り返すようだが，ここでは，資本移動に伴う数量の変化を捨象しており，通常の単純再生産表式におけるⅠv＋m（p）＝Ⅱcの法則は成り立っていない。実際には第一部門から第二部門に資本が移動するため，Ⅰ 1,000v＋1,250p＝2,250は若干減るのに対し，Ⅱ 2,000cは若干増えるので，両者が均衡する可能性は高いが，複雑になるため，ここでは一切扱わないこととする。

2　費用価格の生産価格化

　費用価格が価値のままであるあいだは，いうまでもなく総計一致二命題が成立している。しかし，費用価格も生産価格化されるとどうなるで

式3

Ⅰ 4,166.8c＋937.5v＋（ ）p＝6,250 （生産手段生産部門）

Ⅱ 2,083.4c＋937.5v＋（ ）p＝3,750 （消費手段生産部門） となる。

あろうか。

　第一部門の費用価格は，価値のままの5,000から，（4,000×1.0417＋1,000×0.9375）＝5,104に，第二部門の費用価格は，価値のままの3,000から，（2,000×1.0417＋1,000×0.9375）＝3,021にそれぞれ上昇する。総生産物に占める生産手段と消費手段の比率は3：2であるが，両部門を合わせた費用価格の全体に占める生産手段と消費手段の比率は3：1であり，生産物よりも費用価格のほうが生産手段の重みが大きいために，費用価格においては，生産価格が価値よりも大きくなるのである（式3）。

　問題は，第一部門で104，第二部門で21増えた費用価格にどう対処するか，ということである。

3　剰余価値縮小の容認

　通説化した見解によれば，費用価格の上昇はそのまま受け入れるしかない。ただしその受け入れには，総価値＝総生産価格を維持して，費用価格の上昇を剰余価値の縮小によって直接補填する方法と，総生産価格を水増しして，総剰余価値＝総利潤を維持する方法がある。しかし絶対的にせよ相対的にせよ，剰余価値の縮小を容認していることに変わりはない。前者の場合，第一部門の資本家は，5,000から5,104に増えた費用価格を補填するために，1,250の利潤を1,146に減らす。同様に第二部門の資本家は，750の利潤を729に減らす（式4）。

　後者の場合，（1,146＋729）＝1,875に減った総利潤を元の2,000に戻すために，価格全体を名目的に，（2,000÷1,875）＝1.067倍に増やして帳尻を合わせようとするのだが，問題は名目ではなく実質であり，実質的に剰余価値＝利潤の縮小を容認していることに変わりはない。

式4

Ⅰ　4,166.8c＋937.5v＋1,146p＝6,250　（生産手段生産部門）

Ⅱ　2,083.4c＋937.5v＋729p＝3,750　（消費手段生産部門）

式5

Ⅰ　4,166.8c＋937.5v＋1,178p＝6,282　（生産手段生産部門）

Ⅱ　2,083.4c＋937.5＋697p＝3,718　（消費手段生産部門）

（なお，端数の処理の関係で数値が若干異なる場合がある）

　ただ，式4は，各部門が自らの費用価格の上昇を補填するために，自らの剰余価値＝利潤を縮小した直後の段階を示しており，第一部門の利潤率は22.45％，第二部門の利潤率は24.13％と利潤率が異なっている。これをさらに利潤率が均等化された段階に直すと，平均利潤率が（1.875÷8,125 ＝）23％だから，結果は式5のようになる。

　ここで，利潤が減ったとしても，消費手段の価格も減っており，結果的に手に入る消費手段の価値すなわち消費手段に対象化された抽象的人間労働の量そのものは減っておらず，剰余価値縮小の容認という批判はあたらない，との反論もありうるであろう。たしかに，剰余価値の支出先であった2,000の消費手段の価値は，生産価格化することで2,000×0.9375 ＝ 1,875の価格となり，上の総利潤と一致する。

　しかし，本来，この費用価格の生産価格化の局面では，剰余価値ないし利潤は，貨幣の形態で存在することを忘れてはならない。第一部門についていえば，G（5,000）－ W…P…W'－ G'（6,250）の結果としてのG'－ G ＝⊿G（1,250）として，第二部門についていえば，G（3,000）－ W…P…W'－ G'（3,750）の結果としてのG'－ G ＝⊿G（750）として存在しているのである。第一部門における，⊿G（1,250）とG—Wに向かおうとしているG（5,000）とを合わせた貨幣6,250と，第二部門における，⊿G（750）とG—Wに向かおうとしているG（3,000）と

を合わせた貨幣 3,750 とが，この局面での価値の主たる存在形態なのであり，個々の商品に対象化された抽象的人間労働，すなわち個々の商品の価値は，マクロ的な集計を通じてのみ，社会的な意味を持ちうるように，すでに変化しているのである。

したがってやはり通説的見解は，「剰余価値の縮小を容認する」ことで，生産価格化に伴う費用価格の上昇に対処していると言わざるを得ないのである。しかしながら，資本の運動の目的は剰余価値の取得にある。資本（家）は，費用価格の上昇をそのまま容認して剰余価値を「縮小」するくらいなら，何らかの「節約」によって，逆に費用価格のほうを「縮小」しようとしないだろうか。

とはいえ，費用価格を縮小するための「節約」を導入することには強い批判が予想される。それというのも，節約によって費用を数量的に縮小するということは，生産力，ひいては価値から生産価格への転化の前提となっている価値体系を変えてしまうことになりかねないからである。いうまでもなく，問題の前提を変えてしまっては，問題を解いたことにならない。

それでは，生産力ひいては価値体系を変えることなく，費用を節約することは果たして可能だろうか。ヒントは『資本論』第三巻第5章の「不変資本充用上の節約」にある。次にその点を明らかにしたい。

第2節　流通時間の短縮による節約

価値から生産価格への転化の論理に，費用価格の「節約」を導入することに対しては，強い批判がもう1つ予想されうる。それというのも，節約なら，価値から生産価格への転化の前に，剰余価値（率）の利潤（率）への転化の段階で，すでになされているからである[6]。それ以上の節約が可能な根拠はあるのだろうか。

1 マルクスによる「流通時間の短縮による節約」の指摘と 検討の先送り

実はマルクスは，この第5章のなかで「労働者全体——社会的に結合された労働者たち——による生産手段の共同的使用から生産過程で生じてくる節約については，すでに述べた。流通時間の短縮（ここでは交通手段の発達が本質的な物質的契機である）から生じる不変資本投下におけるもう一つの節約においては，もっとのちに考察されるであろう。」[7]と述べて，流通時間の短縮による不変資本の節約の可能性を指摘したうえで，その考察をのちに譲っている。つまり，「流通時間の短縮による節約」についてならば，さらなる節約が可能なのである。ただ，マルクスが想定している「流通時間の短縮から生じる不変資本投下の節約」は，直前に「生産手段の共同的使用から生じてくる節約」と書かれていることから考えて，保管費用の節約のような，生産力ひいては価値体系を変化させる節約であった可能性が高い。しかし，それでは，前提となる価値体系を変えることなく，価値から生産価格への転化を考察しようとするここでの議論には適さないことになる。ところが幸いなことに，「流通時間の短縮から生じる資本投下の節約」には，そうした生産力の向上につながる実質的な節約とは別の，より直接的な投下貨幣資本の節約の可能性も含まれているのである。流通時間の短縮すなわち回転時間の短縮は，投下貨幣資本そのものを縮小するからである。このいわば貨幣のみの節約であれば，価値から生産価格への転化の前提である価値体系を変えることなく，投下貨幣資本を節約できるのではなかろうか。以下，その可能性を追求することとする。

しかし，なぜ，「不変資本充用上の節約」を扱った第5章では，流通時間の短縮による節約は扱えないのだろうか。「利潤率にたいする回転の影響」は，その前の第4章ですでに検討されているのであるから，第5章で扱えない理由はないようにも思える。そして，ここにある「のち」とはいつのことだろうか。初めの問題から検討しよう。

2   一資本内部の節約とその限界

ここで注目すべきなのは，次の文章である。

「利潤率のもう１つの増大は，不変資本を生産する労働の節約からではなく，不変資本そのものの使用における節約から生じる。労働者たちの集積および彼らの大規模な協業によって，一方では不変資本が節約される。同じ建物，暖房および照明設備などの費用は，大規模生産にとっては小規模生産よりも比較的少ない。同じことは原動機および作業機についてもいえる。それらの価値は絶対的には増大するとはいえ，相対的には減少する。一つの資本がそれ自身の生産部門で行う節約は，第一に，かつ直接的には，労働の節約すなわちそれ自身の労働者たちの支払労働の縮小である。これに反して，さきに述べた節約は，他人の不払労働のできるだけ大きな取得を，できるだけ経済的な仕方で実行することである。」[8]

ここでマルクスは，事実上「不変資本充用上の節約」を定義しており，そのなかで「一つの資本がそれ自身の生産部門で行う節約」と述べている点が注意されなければならない。ひるがえって，『資本論』第三巻第一篇では，代表単数としての「一つの資本」を想定することで，すべての産業資本における「剰余価値の利潤への転化，および剰余価値率の利潤率への転化」を分析しているといってよい。したがって，この段階における「不変資本充用上の節約」とは，「代表単数としての一つの資本がそれ自身の部門で行う節約」に限られる。

ところが，流通時間の短縮によって，不変資本である倉庫や輸送手段の効率的使用，すなわち「使用における（充用上の）節約」を行うには，商人資本と同様に，「一つの生産部面における多数の資本の回転を表すことができるだけでなく，異なる生産部面におけるいくつかの資本の回転を表すこともでき」[9]なければならないのではなかろうか。なぜなら，一個別資本の内部で，生産時間の終了後に，一度だけ販売過程で使用するにとどまるのならば，倉庫や輸送手段の効率的使用など不可能だからである。マルクスが，流通時間の短縮による不変資本の節約を，第５章

で扱わなかったのは，このためではなかろうか。

とはいえ，マルクスの意図はそうだったとしても，本稿では，倉庫や輸送手段の効率的使用による実質的節約そのものにではなく，流通時間の短縮から直接生じる，投下貨幣資本の貨幣のみの節約に焦点を当て，価値から生産価格への変化の前提である価値体系を変化させることなく，投下貨幣資本を節約する可能性を追求することとする。

3 「流通時間の短縮による節約」が扱われる論理段階

それではこの，「流通時間短縮による不変資本投下の節約」を「のちに考察する」とした「のち」とはいつのことだろうか。冒頭でも述べたように，マルクスは，価値から生産価格への転化の論理を展開するにあたり，「回転時間の相違が引き起こしうる区別はしばらく度外視される」と述べているから，少なくとも，価値どおりの費用価格を前提とした，価値から生産価格への転化の第一段階より後と考えるのが妥当だろう。しかし，商業資本論で扱われるとみるのも問題がある。というのも，商業資本における不変資本とは，「事務所，紙，郵便料金など」[10]であって，流通時間の短縮によって節約される対象というよりはむしろ，流通時間を短縮する要因だからである。

そうだとすれば，この「流通時間短縮による投下不変資本の節約」が扱われるのは，価値から生産価格への転化の第一段階よりは後，商業資本論よりは前，ということになり，蓄積も生産力の変化も捨象されていることを考慮すると，価値から生産価格への転化の第二段階すなわち費用価格の生産価格化の論理段階で扱われうる可能性は高い。ここでは，それを前提して議論を進めたい。

そもそも回転時間については，『資本論』第三巻第三章で「回転。われわれはこの要因をさしあたりまったく無視する。というのは，利潤率にたいする回転の影響はあとの章で特別に取り扱われるからである。」[11]と述べられ，エンゲルスがそれに対応した第四章「利潤率にたいする回転の影響」を書いたものの，第十八章「商人資本の回転。価格」まで実質的に扱われていない。

しかし，運輸資本や保管資本，とりわけ運輸資本は，流通過程への生産過程の延長である運輸過程を担う点で，純粋な流通過程に携わる商業資本よりも産業資本に近い位置にある。そうであれば，産業資本一般における回転の問題を扱った第四章と，商業資本における回転の問題を扱った第十八章の間に，運輸資本や保管資本，とりわけ運輸資本における回転の問題を扱った章があってもよいのではなかろうか。本稿は，そうした観点からも，運輸資本における流通時間すなわち回転時間の短縮の問題を，価値から生産価格への転化との関わりで論じるべきだと考えている。

とはいえ，運輸資本における回転時間の短縮の問題を，生産価格次元，利潤次元で考察する前に，まずは，価値次元，剰余価値次元における，通常の産業資本の再生産と運輸資本との関係を検討しておこう。その関係は，これまで必ずしも明確にされてこなかった，といえるからである。

第3節　再生産表式に埋め込まれた運輸資本

一つの例として，マンチェスターで紡績業を営むA社が，ロンドンで織布業を営むB社に1万ポンド相当の綿糸100トンを売り，逆にB社は，マンチェスターで裁縫業を営むC社に2万ポンド相当の綿布100トンを売っていたと想定しよう。また，このマンチェスターからロンドンへの綿糸の輸送と，ロンドンからマンチェスターへの綿布の輸送をともに，鉄道資本であるR社が請け負っていたと仮定する。この鉄道資本の運動は，紡績資本と織布資本の再生産とどのように関連するだろうか。ただし，ここでは，利潤率均等化以前の価値通りの交換を前提し，すべての資本の価値構成 c : v : m を 3 : 1 : 1 とする。

1　紡績資本，織布資本，裁縫資本の貨幣資本循環

想定した事例における産業資本の運動を貨幣資本循環で表すと，図1のようになる。

このうち，まだ生産が始まろうとしている段階で，商品資本の循環が

図1

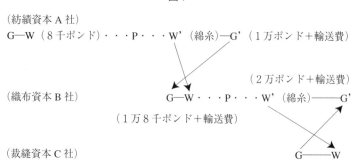

始まっていない裁縫資本の商品については，これ以後，問題にしないこととする。

問題は，綿糸と綿布に付加される輸送費の額であるが，同じロンドン—マンチェスター間を同じ重量100トンの積荷を輸送するのであるから，どちらも1,000ポンドが追加されると仮定するのが合理的だと思われる。そのうえで鉄道資本の貨幣資本循環を重ねるとどうなるであろうか。

2 紡績資本及び織布資本と鉄道資本との連関

鉄道資本の貨幣資本循環については，マルクスによる運輸資本の循環形式[12]にしたがって，G—W…P—G'とし，通常の産業資本と区別するために，小文字で，g—w…p—g'で表す。まず，この事例で，販売と購買の双方で鉄道資本と関わっている織布資本を軸に，両者の連関を図式化したのが，図2である。

とはいえ，織布資本は，綿布の販売について輸送費を負担しているにすぎず，綿糸の購買に関わる輸送費を負担しているわけではない。綿糸に関する輸送費を負担しているのは，綿糸の売り手である紡績資本である。この点が明確になるように改めて図式化したのが，図3である。

図2と図3の違いは，同じ事態を鉄道資本の側からみるか（図2），産業資本の側からみるか（図3）の違いということもできる。

第6章 転形問題と回転時間　　**169**

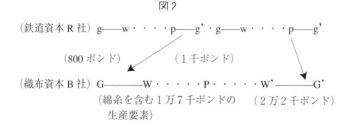

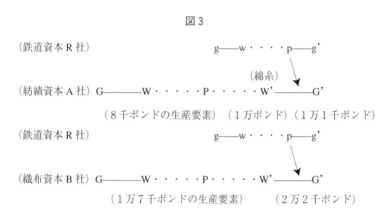

3　運輸資本と再生産表式

　本稿の冒頭でも述べたように，運輸資本は商品資本循環を持たない。したがって，再生産表式は，紡績資本と織布資本の商品資本循環を基に構築されるほかない。その場合に問題になるのが輸送費の扱いである。商品資本 W' を，輸送費を含まない1万ポンド，2万ポンドとすることにも一理あるが，買い手である織布資本は，輸送費を含んだ綿糸1万1千ポンドを購入し，投下資本を1万7千ポンドにするのであるから，社会的総資本の補填関係を見据えるなら，輸送費を含んだ1万1千ポンド，2万2千ポンドを W' の価値とすべきであろう。なお，輸送される前の1万ポンドの綿糸と2万1千ポンドの綿布は Wo' で表し，輸送過程は，流通過程に延長された生産過程ということで，・—・—で

170

図4

（紡績資本 A 社）
W'——G'・G——W・・P・・Wo'・—・—W'（1万1千ポンド）

（織布資本 A 社）
W'——G'・G——W・・P・・Wo'・—・—W'（2万2千ポンド）

表1

生産要素の購入（投入）	生産物の販売（産出）
紡績資本　8,000 ポンド	1万1千ポンド（綿糸）
	（うち剰余価値 2,000 ポンド）
織布資本　17,000 ポンド	2万2千ポンド（綿布）
	（うち剰余価値 4,000 ポンド）
鉄道資本 800×2＝1,600 ポンド	（剰余価値 200×2＝400 ポンド）
	⋮

総生産要素 26,600 ポンド，総剰余価値 6,400 ポンド，
総生産物 3万3千ポンド

表すこととする。

　図4の，商品資本循環 W'・・・・W' の内部に包摂された輸送過程
Wo'・—・—W' は，商品資本循環 W'・・・・W' を基に構築される再生
産表式には表されない。それは，再生産表式に生産過程 P が表されな
いのと同様である。再生産表式では，運輸資本も，その輸送過程も，あ
たかも産業資本の運輸部門が，生産過程の一部として自らの商品を輸送
しているかのように，表されるのである。このことを投入と産出のプロ
セスについて確認しておこう（表1）。

　繰り返すようだが，再生産表式に現れるのは1万1千ポンドの綿糸と
2万2千ポンドの綿布だけであり，鉄道資本はあたかも両資本の一部で
あるかのように取り扱われる。それでも総生産物の価値と総生産要素
の価値の差額が剰余価値に一致していれば，再生産論上は問題を生じ
ない。

表 2

期首の投下資本（投入）	期末の生産物（産出）
紡績資本　8,000 ポンド	1 万 1 千ポンド（綿糸） （うち剰余価値 2,000 ポンド）
織布資本　17,000 ポンド	2 万 2 千ポンド（綿布） （うち剰余価値　4,000 ポンド）
鉄道資本 <u>800×1＝800 ポンド</u>	（剰余価値 200×2＝400 ポンド）

投下総資本　<u>25,800 ポンド</u>，総剰余価値　6,400 ポンド
総生産物　3 万 3 千ポンド

　ところが，生産価格次元，利潤次元では事情が異なってくる。期首における投下資本が，生産要素の購入額と一致しなくなるからである（表 2）。

　このような変化が生じるのは，図 2 にみられるように，鉄道資本が 2 回転するからである。

　もし鉄道資本が，紡績資本，織布資本と同じく 1 回転しかしないとすれば，この場合の平均利潤率は約 24％であろう。しかし現実には鉄道資本は 2 回転するために，平均利潤率は約 25％と上昇する。回転時間が他資本の半分であるために，期首に必要な投下資本も半分となり，その分，投下総資本が節約されるからである。これこそ，マルクスが示唆した「流通時間短縮による資本の節約」の一つの側面ではないだろうか。そしてこの「節約」は転形問題の解決に活かせるのではないだろうか。

第 4 節　「流通時間の短縮による投下資本の節約」と転形問題

　それでは，われわれの数値例に即して，「流通時間の短縮による投下資本の節約」が可能かどうか，検討しよう。

1　全資本について同一の回転時間を前提した場合

　ここで再び式 5 を掲げることとする。式 5 は，通説化した見解にした

式5（再掲）

Ⅰ　4,166.8c＋937.5v＋1,178p＝6,282　（生産手段生産部門）
Ⅱ　2,083.4c＋937.5＋697p＝3,718　（消費手段生産部門）
（なお，端数の処理の関係で数値が若干異なる場合がある）

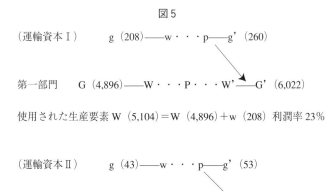

図5

がって，価値の生産価格化に伴う費用価格の上昇と，それを補填するための剰余価値＝利潤の縮小が表されている。また，ここでは，全部門の回転時間を同一とする再生産表式の前提がそのまま与件となっている。

　ここで行論の都合上，運輸資本の資本量を，第一部門については208，第二部門については42と仮定しよう。なお，運輸費はもっぱら販売する側が負担するものとする。結果は図5のとおりである。

　2　運輸資本の回転時間が，他の産業資本のそれの半分だと
　　　仮定した場合

それではここでいよいよ，運輸資本の流通時間すなわち回転時間の短縮を持ち込むことにしよう。前節の図2を思い浮かべていただきたい。

第6章 転形問題と回転時間　173

図6

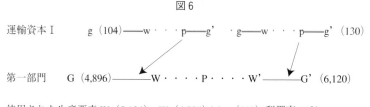

使用された生産要素 W（5,104）＝W（4,896）＋2w（208）利潤率 25％

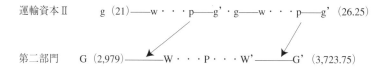

使用された生産要素 W（3,021）＝W（2,979）＋2w（42）利潤率 25％

　図5と図6を比べてみよう。最も根本的な違いは、期首における投下貨幣資本量の違いである。図5では、生産価格化で上昇した費用価格をそのまま反映して、第一部門で5,104、第二部門で3,021と、期首における投下貨幣資本が費用価格が価値どおりだった場合よりも増えているのに対し、図6では、運輸資本の回転時間が半減したために、期首における投下貨幣資本が、第一部門で5,000、第二部門で3,000と、総額では、当初の価値どおりの費用価格に戻っている、ということである。
　このため、各資本（家）は、生産価格化で上昇した費用価格を補填するために、剰余価値＝利潤を削る必要はなくなり、剰余価値＝利潤も第一部門で1,250、第二部門で750と、これまた、価値どおりの費用価格のときのそれに戻っているのである。ここでこの事情を表現する再生産の式6を掲げておこう。
　さらに重要な点は、この大きな違いにもかかわらず、使用された生産要素の額には変わりはなく、再生産における補填関係に変化は生じない、ということである。このことは、価値から生産価格への転化において前提となっている価値体系を変えずに、この変化を起こせるというこ

式6

Ⅰ　4,166.8c＋937.5v＋1,146p＝6,250　（生産手段生産部門）　利潤率25％

　　　（投下貨幣資本5,000）（節約による蓄蔵貨幣104p）

Ⅱ　2,083.4c＋937.5＋729p＝3,750　（消費手段生産部門）　　同上

　　　（投下貨幣資本3,000）（節約による蓄蔵貨幣21p）

とであり，われわれの当初の課題設定は肯定的に解決された，といってよいであろう。

3　運輸部門の回転時間の短縮を促す必然性

とはいえ，生産価格化による費用価格の上昇をちょうど相殺するように，運輸資本の回転時間を短縮することなど果たしてできるだろうか。節約が進みすぎて，逆に剰余価値＝利潤が増えてしまうなどということはないだろうか。

ここで2つの点に注意を促したい。1つは，生産価格化による費用価格の上昇には，Ic部門内転態の自立的発展という事情があるということである。それはつまり，Ic部門内転態の自立的発展によって第一部門の有機的構成が相対的に高まり，その結果，第一部門の生産物である生産手段の生産価格が価値以上に上昇し，かつ，その上昇の影響が生産物の価格（c＋v＋m）よりも費用価格（c＋v）のほうに大きく出るために剰余価値＝利潤を圧迫するに至った，という事情である。

このIc部門内転態というのは，生産手段生産部門内における商品交換を意味する。すなわち，この転態においては，売り手も買い手も同一部門内の生産者だということである。このような状況では，企業間の流通であるにも関わらず，同一企業内の工場と工場との間の輸送であるかのような，事実上の共同利用の関係が生じやすいのではなかろうか。当然そこには燃料の節約のような実質的な節約も伴っているだろうが，一つの輸送手段が多くの企業の商品を運ぶことによって，回転率を高める，といったこともなされるだろう。つまり，生産価格化による費用

価格上昇の要因である Ic 部門内転態は，同時に，事実上の共同利用を
生じやすくすることによって，運輸資本の回転数を高め，回転時間を短
縮する要因にもなるのである。こうした運輸資本の回転率の上昇の影響
は，前節の織布資本（第一部門）と裁縫資本（第二部門）の取引にみら
れるように，第二部門にも波及する。

　もう一つの注意すべき点は，生産価格化による費用価格の上昇は，全
体としての資本の移動の結果だとはいえ，直接的には価格の問題であ
り，W'—G'・G—W という流通過程で処理すべき問題だということであ
る。運輸過程が生産過程の延長であるとしても，ここでの運輸過程の回
転時間の短縮は，あくまで流通過程の変化であって生産過程に影響を与
えるものではない。したがって生産過程でのみ形成される剰余価値は，
その実現の過程で減ることはあっても増えることはないのである。

第5節　残された問題

1　消費財価格の低下によって余った利潤の処理

　この，消費財価格の低下によって余った利潤は，第一部門も第二部門
も（1,000 － 1,000×0.9375）＝ 62.5 であり，合わせて 125 となって，
費用価格の生産価格化による増加分（104 ＋ 21）＝ 125 に対応している。
通説化した見解では，この両者が相殺されてバランスが保たれることに
なっているが，費用価格の生産価格化による増加分を，運輸資本の回転
時間の短縮による節約によって補填しようとする我々の見解において
は，この，消費財価格の低下によって生じた余剰利潤はそのまま蓄蔵貨
幣として残されることになる。

　このことは，我々の主張の欠陥に見えるが，実はそうではない。そ
もそも貨幣には価値はあっても価格はなく，したがって生産価格もな
い[13]。価値から生産価格への転化に当たって一定量の貨幣が生産価格化
せずに残るのは，その意味では必ずしも不自然ではない。

　それだけではない。ここで物を輸送する運輸資本だけでなく，人を輸

送する旅客運輸資本も考慮すると一定量の蓄蔵貨幣形態はむしろ必要になってくるのである。というのも，商品形態ないし商品資本形態だけでは，旅客運輸資本の販売対象の価値を実現しきれない可能性があるからである。

その理由とはこうである。運輸労働の価値が商品に対象化される物流と異なり，旅客の輸送における運輸労働は，旅客によって直接消費されるために商品に対象化されることがない。したがって旅客運輸労働を，売り手の側にある商品資本と関連づけることはできず，関連づけるとすれば，買い手の側にある商品資本と関連づけるしかない。ところが，たしかに，旅客運輸資本 G——W…P——G' の販売対象 P[14] を構成する W = Pm ＋ A の生産手段 Pm については，生産手段生産部門の商品資本との交換による価値実現が，また労働力 A については消費手段生産部門の商品資本との交換による価値実現が想定しうるが，G' = G ＋ ⊿ G の ⊿ G に相当する ⊿ P = m については，そのような商品資本との交換は想定できないからである。

このように，旅客運輸資本の販売対象の m = ⊿ G 部分の価値が，他資本の商品資本によって実現できないとすれば，それを可能にするのは，他資本の蓄蔵貨幣形態にある利潤以外にない。その意味で，蓄蔵貨幣形態にある利潤は，旅客運輸資本の m = ⊿ G 部分の価値実現の裏付けとなっているのである。

2 アウトソーシングの費用の処理

実は最も悩ましく難解な問題としてあるのが，この，アウトソーシングの費用の処理の問題である。Ⅲの例でいえば，2回転する鉄道資本 R の投下資本＝費用価格は 80 ポンドにとどまっているが，この鉄道資本に商品の輸送をアウトソーシング（委託）している紡績資本と織布資本は，鉄道資本に輸送代としてそれぞれ 100 ポンドずつ支払っているのであり，それぞれが流通費用として 100 ポンドずつ計上せざるを得ない。これでは効率を求めてなされるはずのアウトソーシングの結果として，2×100 ＋ 80 と，鉄道資本の分だけむしろ費用が増えてしまわないだ

第6章　転形問題と回転時間　**177**

ろうか。

　もちろん，マルクスが商業資本の自立化に関して強調したように，流通業，サービス業が自立化するさいには，社会的分業の進展の結果としての費用の縮小がなされていなければならない[15]。しかしそうだとしても，アウトソーシングの費用 2×100 に利潤が付くのか否か，といった問題は残るであろう。

　さしあたりここでは，アウトソーシングの費用が実質的には，期首ではなく期末に，商品の買手から生産者に支払われ，それがそのまま鉄道資本（運輸資本）に渡されることを指摘するにとどめ，さらなる詳しい検討は別の機会に譲ることとする。

3　資本移動に伴う数量変化の導入

　第1節で述べたように，本稿は，利潤率の均等化による価値価格から生産価格への価格変化に焦点を当てるため，資本移動に伴う供給量の数量的変化を捨象している。本来，このような数量変化を捨象したのでは，社会的総資本の価値と素材の補填関係を正確に論じることはできない。したがって，式1〜6は再生産の表ではあっても再生産表式ではない。

　今後，こうした資本移動に伴う数量変化を導入し，生産価格次元における再生産表式の発展形態を明らかにする必要がある。またそのようにしてこそ，本稿で掲げた算術的数値例を，代数的モデルに引き上げることが可能になるであろう。今後の課題としたい。

おわりに
──まとめに代えて──

　価値次元，剰余価値次元と生産価格次元，利潤次元の根本的な相違は，前者が社会的必要労働時間という「時間」概念を基礎に構築され，時間の「流れ方」すなわち時間の「内部構造」を問題にするのに対し，後者は「期間」概念（会計年度や日歩の日など）を基礎に構築され，時間の「流れ方」＝「内部構造」をあえて捨象することから生じる現象を問題にす

る，という点にある。このように，価値から生産価格への転化における鍵となるのが時間概念であるにも関わらず，「同一の回転時間」という再生産表式の呪縛から，中心問題というべき費用価格の生産価格化と時間の問題を結びつけることができないまま長い時間が過ぎてしまった。しかし，ようやくその突破口がみえたのではあるまいか。この方向でのさらなる前進を期待したい。

注

1）価値から生産価格への「転化」（Verwandlung）であるから，転化問題と呼ぶのが自然ではあるが，日本のマルクス経済学界では，貨幣の資本への転化をめぐる論争が大々的に展開され，転化問題というと，その貨幣の資本への転化をめぐる問題をさすことが多いため，本稿では，それと区別するために，価値から生産価格への転化の問題を「転形問題」と呼称することとする。

2）マルクス『資本論』新日本出版社，資本論翻訳委員会訳，第9分冊，1987年3月，269ページ，ヴェルケ版『資本論』ディーツ社，原書ページ，164。以下，『資本論』からの引用は，同書からの引用とし，『資本論』第○分冊○ページ，KIII, S. ○のように表すこととする。

3）転形問題についての論争史は膨大なものであるが，よく整理されたものとして，伊藤誠・桜井毅・山口重克編訳『論争・転形問題』東京大学出版会，1978年3月，および本間要一郎，富塚良三編『資本論体系5　利潤・生産価格』有斐閣，1994年3月，第三部第2章をあげておきたい。

4）「すでに見たように，不変資本と不変資本のあいだにも恒常的な流通が行われており，この流通は，決して個人的消費に入り込まない限りではさしあたり個人的消費にかかわりがないが，にもかかわらず終局的には個人的消費によって限界づけられている。というのは，不変資本の生産は，決して不変資本そのもののために行われるのではなく，個人的消費に入り込む生産物を生産する生産部面でより多くの不変資本が使用されるからこそ行われるからである。とはいえ，これは，しばらくは，見込み需要に刺激されて平穏に進行することができ，それゆえこれらの部門では，商人の場合も産業家の場合も事業は非常に景気よく進展する。」（前掲『資本論』第9分冊，516ページ，KIII, SS. 316-7）

5）「一般的利潤率の形成を説明する前例では，各生産部面における各資本を

第 6 章　転形問題と回転時間　**179**

100 としたが，それも，諸利潤率の百分率的相違を明らかにし，それゆえま
た同じ大きさの諸資本によって生産される諸商品の価値における相違を明
らかにするためであった。」（同上，280 ページ，S. 171）またマルクスは，「一
般的利潤率は次の二つの要因によって規定されている。（1）異なる生産部
面における資本の有機的構成によって。……（2）これらの異なる諸部面へ
の社会的総資本の配分によって。」（同上，282 ページ，S.172）と述べて，
資本の数量的配分の重要性を十分認識していた。とはいえ，マルクスが重視
したのは，利潤率均等化の前提としての総資本の配分であって，利潤率均等
化の結果としての資本配分の変化ではなかった，といえる。後者について，
数量的に明示した例としては，大谷禎之介『図解　社会経済学』桜井書店，
2001 年 3 月，第 3 篇第 2 章第 3 節，北村洋基『現代社会経済学』桜井書店，
2009 年 9 月，152 ページなどがある。

6 ）『資本論』第三巻では，「第二篇　利潤の平均利潤への転化」の前の第一
篇「剰余価値の利潤への転化，および剰余価値率の利潤率への転化」の第五
章に「不変資本の使用における節約」が置かれている。

7 ）前掲『資本論』第 8 分冊，1986 年 12 月，138 ページ，KIII, S.91.

8 ）同上，140 ページ，S.92.

9 ）前掲『資本論』第 9 分冊，469 ページ，KIII, S. 287.

10）「輸送業者，鉄道経営者，船舶所有者は，「商人」ではない。われわれが
ここで考察する費用は，買うことの費用と売ることの費用である。これらの
費用は，すでに前に述べたように，計算，簿記，市場取引，通信などに帰着
する。そのために必要な不変資本は，事務所，紙，郵便料金などからなって
いる。」（同上，489 〜 490 ページ，KIII, S. 300）

11）前掲『資本論』第 8 分冊，83 ページ，KIII, S.60.

12）前掲『資本論』第 5 分冊，1984 年 11 月，88 ページ，KIII, S.61.

13）「貨幣はなんの価格ももたない。」（前掲『資本論』第 1 分冊，1982 年 11
月，162 ページ，KI, S. 110）

14）「輸送業についての定式は，G—W < A …P—G' であろう。生産過程か
ら分離されうる生産物ではなく，生産過程そのものが，支払われ消費される
からである。」（前掲『資本論』第 5 分冊，88 頁，KII, S. 61）ただ，生産過
程そのものが支払われるとはいえ，主要な労働対象である積荷の価値は，そ
こから除かれなければならない。なぜなら，積荷は運輸業者にとっては他者
である顧客の所有物であり，他者の所有物は売れないからである。

15）「分業の結果として，もっぱら購買および販売に従事する資本は，産業資

本家が自分の業務の商人的部分を全部自分で営まなければならなくなる場合の資本部分よりも，より小さい。」（前掲『資本論』第9分冊，469ページ，KIII, SS. 286-7）

第7章　商業資本論に関するエンゲルスの
「書き換え」について

拙論の要点

　マルクスの商業資本論に関する謎は大きくいって2つあり，その1つは，商品価格への追加による流通費用の補填で，もう一つは，商業可変資本の補填と商業不変資本の補填の峻別である。『要綱』と『第3巻主要草稿』をみると，前者についてマルクスは，生産力の低下と同等の事態と見なし，商品価格の追加による貨幣賃金の上昇を，「相対的剰余価値生産の縮小」と捉えている。また後者については，優等な商業資本100の商業可変資本10は，劣等な商業資本100の平均利潤10から補填されると捉えている。

「補強」の論理

　「相対的剰余価値と流通費用」及び「商業資本と超過利潤」。

第7章　商業資本論に関するエンゲルスの
　　　　　「書き換え」について

は じ め に

　『資本論』第三巻主要草稿の，商業利潤について書かれた部分の研究
としては，1980年7月に，谷川宗隆氏が『愛媛法学会雑誌』第7巻第
1号，第2号に発表した「『資本論』第三巻・第四篇・第十七章「商業
利潤」の「原稿」についての調査ノート」が最も早いといってよい。し
かし，その結論は，「エンゲルスは「文体についてはマルクス自身が変
更したであろう点だけを変更する」という第二巻の編集方針（ロ）と，「解
釈上ほんの僅かでも疑問の残った文章は，むしろ全く言葉通りに印刷さ
れている」との第二巻の編集方針（ニ）を，第三巻の商業利潤の部分に
ついても貫いている」[1]というものだった。

　降って，組織的な新メガ研究が本格化してからの代表的研究として，
八柳良次郎氏の「〈連載〉新メガ（『資本論』第三巻草稿）の研究　第四篇」
（『経済』1997年3月）を挙げることができる。しかし八柳氏も，エン
ゲルスが「小売り」の一語を削除したことによって，マルクスの商業資
本論の対象があいまいになったことを指摘しているものの，マルクスの
商業資本論に関するエンゲルスの編集は，総じて「文体上の編集に限ら
れ，……内容的に重大な変更があったわけではない」[2]としている。

　しかし，筆者は，エンゲルスが，マルクスの商業資本論，とりわけそ
の流通費用に関する文章の少なくとも5ヵ所について，「言葉通りに印
刷せず」，「内容的に重大な変更を伴う」「書き換え」を行ったと考えて
いる。以下，一つ一つ明らかにしていきたい。

第1節　マルクス草稿の「生産過程の総体もしくは
　　　　再生産過程」が，エンゲルスによって「再
　　　　生産の総過程」に書き換えられた点について

　最初に取り上げたいのは，現行エンゲルス編集版の第17章「商業利潤」
でいえば，マルクスの説明の内容が，いわゆる商品買取資本とそれのも
たらす商業利潤から，商業資本の流通費用とりわけ純粋な流通費用に移
行し始めた部分にある文章である。まず事実を確認しよう。

1　事実の確認

〈現行エンゲルス編集版の邦訳〉
　「これらいっさいの費用がかかるのは，諸商品の使用価値の生産にお
いてではなく，諸商品の価値の実現においてである。それらは純粋な流
通費である。それらは直接的生産過程には入り込まないが，流通過程に
入り込み，それゆえ<u>再生産の総過程</u>に入り込む。」[3]（下線は筆者）

〈エンゲルス編集版の原文〉
　"Diese sämtlichen Kosten werden nicht gemacht in der Produktion des
Gebrauchswerts der Waren, sondern in der Realisation ihres Werts ;sie
sind reine Zirkulationskosten. Sie gehen nicht ein in den unmittelbaren
Produktionsprozeß, aber in den Zirkulationsprozeß,daher in den
Gesamtprozeß der Reproduktion."[4]（ゴシックは筆者）

〈マルクスの草稿〉
　"Alle diese Kosten nicht gemacht in der *Production* des Gebrauchswerths
der Waaren, sondern in der *Realisation* ihres Werths oder Rückverwandlung
von Geld in Waare; *reine* Circulationskosten. Sie gehn nicht in den
unmittelbaren Produktionsproceß, aber in den Circulationsproceß ein, daher
in das *Ganze des Produktionsprocesses* oder den *Reproductionsproceß.*"[5]

（原文のまま引用。ゴシックは筆者）

〈書き換えられた部分〉

マルクス草稿の"das Ganze des Produktionsprocesses oder den Reproduktions-prozesß"（「生産過程の総体もしくは再生産過程」が，エンゲルスによって，"Gesamtprozeß der Reproduktion"（「再生産の総過程」）に書き換えられた。

2 エンゲルスの書き換えで生じる内容上の変更

　資本が生産を繰り返すには，すなわち「再生産」するには，流通を経なければならず，流通費を費やさざるを得ない。その意味で，流通費は再生産過程に入る。この点はマルクスも何度も強調しており，それ自体に問題はない。しかし，だからといって，再生産されなければ流通費は必要ないというわけではない。たとえ一回限りの生産であっても，資本がその目的である「剰余価値を生産する」ためには，流通を経なければならず，流通費を費やさざるを得ないのである。なぜなら，剰余価値も価値であり，価値として実現しない限り，資本にとっては剰余価値を生産したことにはならないからである。その意味で，流通費は，剰余価値の生産という「生産過程の総体」に入り込むともいえるのである。

　この点に関連して，1861-3 年草稿には，次のような文章がある。

　　「どの生産資本（鉱山業や漁業や農業や製造工業のこと－筆者）も，それが自分の生産過程の総運動［に属する］W—G—W または G—W—G を通り，この形態において孤立的に考察されるというかぎりでは，商業資本である。」[6]（下線は筆者）

　ここでマルクスが，「W—G—W または G—W—G が属する」としているところの「生産過程の総運動」と，先に見た，主要草稿における「生産過程の総体」とはほぼ同義だと思われる。エンゲルスの書き換えは，「純粋な流通費は再生過程に入り込む」という命題には還元しきれない「純粋な流通費は生産過程の総体に入り込む」という命題の独自の意義を見失わせることになったのである。

第2節　マルクス草稿にあった「諸商品の価値の増大は，ここでは，労働生産力の減少の結果からくるそれと同様に，利益を生まない。」の，エンゲルスによる削除について

　次に取り上げたいのは，純粋な流通費用は追加資本を形成するが剰余価値は形成しないから，利潤率が減少するとした部分である。まず事実を確認しよう。

1　事実の確認

〈現行エンゲルス編集版の邦訳〉

　「いま，自分自身の商人でもある産業資本家が……自分の商品資本の価値を実現するために……さらに資本（事務所費および商業労働者の賃金）を前貸ししたとすれば，これらの費用は，確かに追加資本を形成しはするが，しかし剰余価値を形成しはしない。これらの費用は，諸商品の価値から補填されなければならない。」

　「個々の資本家にとっては，また産業資本家階級全体にとっては，そのことによって利潤率が減少するのであり，これは，追加資本が——同じ総量の可変資本を運動させるのにそれが必要な限りで——付け加えられるごとに，そこから生じる結果なのである。」[7]

〈エンゲルス編集版の原文（邦訳の後半）〉

　"Für den einzelnen Kapitalisten und für die ganze industrielle Kapitalistenklasse wird dadurch die Profitrate vermindert, ein Resultat, das aus jeder Hinzufügung von Zusazkapital folgt, soweit dies erforderlich ist, um dieselbe Masse variablen Kapitals in Bewegung zu setzen."

〈マルクスの草稿〉

　"Für den einzelnen Capitalisten（und die ganze productive Capitalistcnklasse) dadurch die *Profitrate* vermindert, ein Resultat, das die Addition von jedem zusätzlichen Capital hat, um dieselbe Masse variable Capitals to put into movement. Die *Erhöhung des Werths der Waaren* ist hier ebenso wenig vortheilhaft als die aus einer gesteigerten Unproductivität der Arbeit erfolgende." [8] （ゴシックは筆者）

〈書き換えられた部分〉

マルクスの草稿にあった "Die Erhöhung des Werths der Waaren ist hier ebenso wenig vortheilhaft als die aus einer gesteigerten Unproductivität der Arbeit erfolgende." （「諸商品の価値の増大は，ここでは，労働生産力の減少の結果からくるそれと同様に利益を生まない。」）が，エンゲルスによって削除された。

2　エンゲルスの書き換えで生じる内容上の変更

運輸費や保管費のように，剰余価値を形成する流通費用であれば，そのための資本投下は利潤率を減少させないかもしれないが，剰余価値を形成しない，純粋な流通費用のための資本投下は，利潤率の分母のみを増やして分子を増やさないのだから，利潤率を減少させざるを得ない。この点の理解について，マルクスとエンゲルスに隔たりはない。問題は，純粋な流通費用を商品の価値に追加することで生じる商品価値の増大の理解の仕方である。マルクスはそれを，労働生産力の減少の結果と同様の，価値の増大と捉えた。労働生産力の減少の結果，必要労働量が増大して価値が増大したのだとすれば，その原因が何であれ，価値は形成されている。それと全く同じではないとしても，それに近い現象として，純粋な流通費用による商品価値の増大を捉えようとする視点がマルクスにはあったことを草稿は示していたのである。

実はマルクスは，1857—8 年の『経済学批判要綱』で，流通費の商品価値への追加を生産力の減少に類比させつつ分析していた。『要綱』で流通費が扱われているのは，「資本に関する章」「ノートⅤ」の［資本の循環］と銘打たれた部分である。

『要綱』においてマルクスは「実際には，流通時間は剰余労働時間からの控除，すなわち必要労働時間の増大なのである。」[9]と述べて，流通時間ないし流通費を，剰余労働ないし剰余価値からの控除としてだけでなく，「必要労働時間の増大」とも捉える。そのうえで「流通時間は，労働の生産性の制限＝必要労働時間の増大＝剰余労働時間の減少＝剰余価値の減少＝資本の自己増殖過程の抑制，制限，として現れる。」[10]（下線－筆者）として，流通時間ないし流通費を，「労働生産性ないし生産力の制限」と関連づけるのである。こうした分析視角は，いわゆる純粋な流通費についても例外ではない。「流通費用一般，すなわち流通の生産費用は，それが純粋に経済的な諸契機，つまり本来の流通にかかわるものであるかぎり，剰余価値からの控除，すなわち剰余労働にたいする必要労働の割合の増大，と見なされるべきものである。」[11]（下線は筆者）

マルクスの『資本論』第三巻主要草稿は，流通費による商品価値の増大を必要労働時間の増大＝労働生産性の減少と結びつける『要綱』以来の分析視角を，『資本論』執筆段階でも保持していたことを示している。この「必要労働時間」の概念は，商品の価値の大きさを規定する「社会的必要労働時間」という意味だけでなく，「労働力の再生産に必要な労働時間」という意味も持っている点が重要である。なぜなら，後者は，相対的剰余価値の生産と逆の論理で，労働者の生活必需品の価値上昇が，賃金を押し上げて，結果的に剰余価値を減らすというメカニズムを内包しているからである。

"Die Erhöhung……"の一文を，エンゲルスが主要草稿から削除したことは，差額地代に関する，いわゆる流通説の根拠ともなりうる重要な論理を見失わせてしまった点でも大きな禍根を残したといえるのではないだろうか。

第3節 マルクス草稿における商品買取資本「G」と 商業可変資本「ΔG」が，エンゲルスによって 「B」と「b」に書き換えられた点について

マルクスが，『資本論』第三巻主要草稿において，商業可変資本を ΔG と書いたことは，難解なマルクス草稿のなかでも最も考えさせられる点の１つといってよいだろう。本来 ΔG は剰余価値を表す記号であって，その剰余価値を生み出す可変資本の表記ではありえないからである。これを最初に目にしたエンゲルスの当惑も，甚だしいものがあったに違いない。しかしそうであればなおさら，エンゲルスは，『資本論』第二巻の編集原則（ニ）に従って，「解釈上ほんの僅かでも疑問の残った文章は，むしろ全く言葉通りに印刷」すべきであった。実際にはエンゲルスは，マルクスの言葉通りには印刷せずに，G を B に， ΔG を b に変えたのである。

1 事実の確認

〈現行エンゲルス編集版の邦訳〉

「諸商品の売買に投下された総商人資本を B とし，商業補助労働者の支払いに投下される，それに照応する可変資本を b とすれば，B＋b は，どの商人も助手なしでやり抜くであろう場合に――すなわち資本の一部分が b に投下されないであろう場合に――総商人資本 B がそうでなければならないであろう大きさよりも小さい。」[12]

「諸商品の販売価格は，（1）B＋b にたいする平均利潤を支払うのに足りるものでなければならない。このことはすでに，B＋b がもともと最初の B の縮小したものであるということ，b のない場合に必要とされるであろうものよりも小さい商人資本を表す，ということによって，説明されている。しかし，この販売価格は，（2）いま追加的に現れている b にたいする利潤のほかに，支払われた労賃，すなわち商人の可変資本＝b そのものを補填するのに足りるものでなければならない。この後者

190

が困難な点である。bは，価格の新たな構成部分をなすのか，それとも，
B＋bによって獲得された利潤の一部分——商業労働者にかんしてのみ
労賃として現れ，商人自身にかんしては彼の可変資本の単なる補填とし
て現れる利潤の一部分——でしかないのか？ 後者の場合には，商人が
彼の前貸資本B＋bにたいして獲得した利潤は，一般的な利潤率に従っ
てBに帰属する利潤，プラス，b——この後者［b］を彼は労賃の形態
で支払うが，それ自身はなんらの利潤ももたらさない——に等しいだけ
であろう。」[13]

〈エンゲルス編集版の原文〉

"Nennen wir das sämtliche direkt im Kauf und Verkauf von Waren
angelegte Kaufmannskapital B, und das entsprechende variable, in Zahlung
kommerzieller Hilfsarbeiter ausgelegte Kapital b, so ist B + b kleiner als das
gesamte Kaufmannskapital B sein müßte, wenn jeder Kaufmann sich ohne
Gehilfen durchschlüge, wenn also nicht ein Teil in b angelegt wäre."

" Der Verkaufspreis der Waren muß hinreichen, 1. um den Durchschnitt-
sprofit auf B + b zu zahlen. Dies ist schon dadurch erklärt, daß B + b
eine Verkürzung des ursprünglichen B überhaupt ist, ein kleineres
Kaufmannskapital darstellt, als ohne b notwendig wäre. Aber dieser
Verkaufspreis muß 2. hinreichen, um außer dem nun zusätzlich erscheinenden
Profit auf b auch den gezahlten Arbeitslohn, das variable Kapital des Kaufmanns
= b selbst zu ersetzen. Dies letztre macht die Schwierigkeit. Bildet b
einen neuen Bestandteil des Preises, oder ist es bloß ein Teil des mit B +
b gemachten Profits, der nur mit Bezug auf den merkantilen Arbeiter als
Arbeitslohn erscheint, und mit Bezug auf den Kaufmann selbst als bloßes
Ersetzen seines variablen Kapitals ? In letztrem Fall wäre der vom Kaufmann
gemachte Profit auf sein vorgescloßnes Kapital B + b nur gleich dem Profit,
der nach der allgemeinen Rate auf B fällt, plus b, welches letztre er in der
Form von Arbeitslohn bezahlt, welches aber selbst keinen Profit abwürfe. "

第 7 章　商業資本論に関するエンゲルスの……　　191

〈マルクスの草稿〉

"Ist also das direkt im Kauf und Verkauf von Waaren angelegte Kaufmannscapital = G, und das *variable Capital* = ΔG, so ist G + ΔG kleiner als das Kaufmannscapital G wäre, wenn nicht ein Theil in ΔG angelegt wäre. " [14]

（みられるように，マルクスの草稿では，商品買取資本は B ではなく G に，商業可変資本は b ではなく ΔG になっていた。そればかりではない。エンゲルス編集版にある「商業補助労働者の支払いに投下される，それに照応する（可変資本)」という文章と「どの商人も助手なしでやり抜くであろう場合に」という文章は，マルクスの草稿にはなかった。おそらくエンゲルスが，わかりやすいようにと，付け加えたのであろう。）

"Der Verkaufspreiß der Waaren muß hinreichen, erstens um den Durchschnittsprofit auf G + ΔG zu zahlen ; dies ist schon dadurch erklärt, daß G + ΔG eine Verkürzung von G überhaupt ist. Aber dieser Verkaufspreiß muß ferner hinreichen, abgesehen vom zusätzlichen Profit auf ΔG, um ΔG selbst zu ersetzen ; den Arbeitslohn auszuzahlen ; in der That also das variable Capital des Kaufmanns = ΔG zu ersetzen. Diess letztre macht die Schwierigkeit. Formt ΔG einen neuen Bestandtheil des Preisses, oder ist es blos ein Theil des mit G + ΔG gemachten *Profits*, der, mit Bezug auf d. mercantilen Arbeiter nur als *Arbeitslohn* erscheint, und mit Bezug auf den Kaufmann selbst als ein *bloses Fortsetzen seines variablen Capitals* ?Im letztern Fall wäre der vom Kaufmann gemachte Profit, auf sein vorgeschossenes Capital G + ΔG = G', = p（dem Profit auf G' oder an dem Theil dieses Profits, den er *als solchen* berechnet ）+ ΔG, das er in der Form von Arbeitslohn zahlt. " [15]

（上のマルクスの草稿では，「商業労働者にかんしては労賃としてのみ現れる」と書かれていたが，エンゲルス版では「商業労働者にかんしてのみ労賃として現れる」と変わっている。また，マルクスの草稿では，「商人自身にかんしては，その可変資本の単なる継続（Fortsetzen）として（現

れる）」となっていたが，エンゲルス版では「商人自身にかんしては彼
の可変資本の単なる補填（Ersetzen）として現れる」に変わっている。
さらに，エンゲルス版の最後の文章には「それ（b）自身はなんらの利
潤ももたらさない」という文があるが，マルクスの草稿にはない。）

〈書き換えられた部分〉
① マルクスの草稿のG（商品買取資本）が，エンゲルスによってB
　に書き換えられた。
② マルクスの草稿のΔG（商業可変資本）が，エンゲルスによってb
　に書き換えられた。
③ マルクスの草稿にはなかった「商業補助労働者に投下される，そ
　れに照応する（可変資本）」を，エンゲルスが付け加えた。
④ マルクスの草稿にはなかった「どの商人も助手なしでやり抜くで
　あろう場合に」を，エンゲルスが付け加えた。
⑤ マルクスの草稿では，「商業労働者にかんしては労賃としてのみ現
　れる」と書かれていた文章が，エンゲルスによって，「商業労働者
　にかんしてのみ労賃として現れる」に書き換えられた。
⑥ マルクスの草稿では，「商人自身にかんしては，その可変資本の単
　なる継続として現れる」と書かれていた文章が，エンゲルスによっ
　て，「商人自身にかんしては，その可変資本の単なる補填として現
　れる」に書き換えられた。
⑦ マルクスの草稿にはなかった「それ（b）自身はなんらの利潤ももも
　たらさない」という文章が，エンゲルスによって付け加えられた。

2　エンゲルスの書き換えによって生じる内容上の変更

　マルクスは「たとえ流通代理人自身にとっては彼の所得が単なる労賃
として，彼の行った労働に対する支払いとして現れようとも，……彼の
所得は商業利潤からのみ生じる。このことは，彼の労働が価値を創造す
る労働ではないということに由来する。」[16]（下線は筆者）という主張を
一貫して保持したと思われる。マルクスが，「商業可変資本」すなわち「流

通代理人の労賃」を「商業利潤」の一部すなわち ΔG と表現したのは，この主張の素直な現れだったのではなかろうか？

エンゲルスの書き換えは，商業可変資本を商業利潤の一部であるとするマルクスの主張をあいまいにし，利潤の一部であるにもかかわらず，資本としてさらに利潤を生むとされてしまう「商業可変資本に固有の困難」の意味を，きわめて捉えにくくしたのである。

第4節　マルクス草稿の「100 の資本二つに等しい 200 の商品を，200 + 20 = 220 で買う」が，エンゲルスによって「100 での2回の操作，すなわち 200 の操作を行って，商品を 200 + 20 = 220 で買う」に書き換えられた点について

4番目に取り上げたいのは，「商業労働が利潤によって支払われる」と想定されたケースに関する叙述が，エンゲルスによって書き換えられていた問題である。このあたりの叙述は，多くの研究者が，そもそも意味が通らないとして，頭を抱えてきた。その部分が書き換えられていたとすれば，ことは重大である。まず事実を確認しよう。

1　事実の確認

〈現行エンゲルス編集版の邦訳〉

「b すなわち 10 によって代表されている商業労働が労賃によってではなく利潤によって支払われるであろう場合には，この労働は，もう一つの商人資本 = 100 を想定する［ことになろう］。というのは，この商人資本 100 の 10％は b = 10 だからである。この第二の B = 100 は，商品の価格に追加的に入り込まないであろうが，しかし 10％は確かに入り込むであろう。それゆえ，<u>100 での二回の操作，すなわち 200 の操作を行って，商品を 200 + 20 = 220 で買うであろう。</u>」[17]（下線は筆者）

194

〈エンゲルス編集版の原文〉

"Die kaufmännische Arbeit, die durch b oder 10 repräsentiert ist, wenn sie nicht durch Arbeitslohn, sondern durch Profit bezahlt wäre, unterstellt ein andres kaufmännisches Kapital = 100, da dies zu 10% = b = 10 ist. Dies zweite B =100 würde nicht zusätzlich in den Preis der Ware eingehen, aber wohl die 10%. **Es würden daher zwei Operationen zu 100, = 200, Waren kaufen für 200 + 20 = 220.** "[18]（ゴシックは筆者）

〈マルクスの草稿〉

"Die kaufmännische Arbeit, die durch ΔG oder 10 repräsentirt ist, wenn sie nicht durch Arbeitslohn, sondern durch Profit bezahlt wäre, unterstellt ein andres kaufmännisches Capital =100, da diess zu 10% = ΔG oder 10 ist. Dieß zweite 100 würde nicht（additionell）in den Preiß der Waare eingehen, aber 10%. **Es würden daher 2 Capitalien von 100 = 200 Waaren für 200 + 20 kaufen=220.**" [18]（ゴシックは筆者）

〈書き換えられた部分〉

みられるように，マルクスの草稿では，「100 の価値をもつ二つの資本（2Capitalien von 100）すなわち 200 の商品（ = 200Waaren）」と書かれていた文章を，エンゲルスが，「100 での二回の操作（zwei Operationen zu 100），すなわち 200（の操作）（=200）」に書き換えたのである。

2　エンゲルスの書き換えで生じる内容上の変更

エンゲルスのように，「資本」を「操作」に変えてしまうと，そもそも第二の資本 100 を持ち出した意味が全くわからなくなってしまう。マルクスはおそらく，優等な商業資本 100 と劣等な商業資本 100（第二の資本 100）とが競争状態にあり，優等な商業資本が，平均利潤 10 を取得するのに加えて，劣等な商業資本からもぎとった超過利潤 10 をみずからの商業労働への支払いにあてる，と考えたのではなかろうか。

それというのも，1861―3年草稿に，そのような事態を示唆する次のような文章があるからである。

「一人一人の商人が全取引のうちのどれだけかを<u>独り占めして剰余利潤をあげる</u>ことができるのは，彼の<u>仲間が平均利潤よりもわずかな利潤しかあげないから</u>（である）」[19]（下線は報告者）

また，次のような文章も存在する。

「業務が大きければ，したがって利潤の量が大きければ，事務所費が増大して，いくらかの分業を行うためのきっかけを与える。この費用が利潤とどんなに関係があるかは，たとえば，その費用が増大するさいに賃金部分は利潤の百分比による分け前によって支払われるということに現れている。<u>賃金がこうした形態を受け取るかぎり，事務所費のこの部分は資本家の利潤からの控除分に帰着する</u>が，しかしながらそれは資本家に平均率を与える控除分である。なぜならば，彼は<u>平均的な生産条件よりも有利な条件のもとで仕事をする</u>のだからである。」[20]（下線は報告者）

このようにマルクスには，1861―3年草稿の段階から，「商業労働者の賃金が，優位にある商業資本の超過利潤から支払われる」とする考え方があったのであり，『資本論』第三巻主要草稿にもそれは引き継がれたとみられるのである。エンゲルスによる書き換えは，この論理を見失わせ，当該文章そのものも，理解できないようにしてしまったのである。

第5節　マルクスの草稿にはあった，「商人資本の回転」冒頭部分の「商業利潤と，消費された資本の補填分に等しい追加分」が，エンゲルスによって削除された点について

第4節でみたように，マルクスの草稿には，商業可変資本を，商業資本の超過利潤と結びつけようとする発想があった。そして，商業資本に関しては，その超過利潤は，回転数の大小によって生じるのであるから，マルクスの発想を推し進めるなら，流通費用の一部である商業可変資本

と商業資本の回転は深く関係するはずである。

ところが，従来，商業資本の回転と流通費用は関係ないものとみなされてきた。商業資本の回転を扱った『資本論』第三巻第 18 章の冒頭部分に，「われわれはここ（商業資本の回転を扱った章 − 筆者）では……諸費用（流通費用 − 筆者）を度外視する」と書かれていたからである。しかし，実は，この文章はマルクスの草稿とは違っているのである。それはエンゲルスによって書き換えられ，一部削除されていた。

以下，まず，事実を確認しよう。

1 事実の確認

〈現行エンゲルス編集版の邦訳〉

「われわれはここでは，購入価格と販売価格との差額のうちに潜みうる諸費用をまったく度外視する。というのは，これらの費用は，ここではなによりも考察しなければならない形態になんの変化も生じさせないからである。」

〈エンゲルス編集版の原文〉

"Wir sehen hier ganz ab von den Kosten, die in der Differenz zwischen Einkaufspreis und Verkaufspreis stecken mögen, da diese Kosten an der Form, die wir hier zunächst zu betrachten haben, gar nichts ändern. " [21]

〈マルクスの草稿〉

"Wir sehen hier ganz ab von den *Kosten*, die in **dem ∆G, wodurch sich in G—W—G'（G—W—G + ∆G）G' von G unterscheidet, stecken mögen, wo also der Aufsclhag = dem mercantilen Profit + dem Ersatz von aufgezehrtem Capital ist,** da dieß an der Form, die wir hier zunächst zu betrachten haben, gar nichts **ändert.** " [22]（ゴシックは筆者）

〈書き換えられた部分〉

みられるように，エンゲルスは，マルクスのこの文章に 3 つの変更を

施している。

　① マルクスの草稿では「G—W—G' において G' を G から区別すると
ころの ΔG」とあったのを，「購入価格と販売価格との差額」に変えた。

　② マルクスの草稿にあった「したがって，商業利潤と消費された資
本の補填分に等しいところの（ΔG）」を削除した。

　③ マルクスの草稿では，「形態になんの変化も生じさせない」のは（主
語の dies が，中性単数であるため）「消費された資本」のように読めるが，
エンゲルスはそれを「これらの費用」に変えた。

2　エンゲルスの書き換えで生じる内容上の変更

　マルクスが，商業資本の回転を論じるさいに流通費用を度外視したの
は，G—W—G' の繰り返しという，回転運動の「形態（Form）」に対し
て，流通費用と同義の「消費された資本」が何の変化ももたらさないか
らである。しかしそうだとすれば，回転運動の「形態」ではなく「内実」
に対しては，「消費された資本」＝流通費用も変化をもたらすのであり，
マルクスは後にそれを論じるつもりだった，とも考えられるのではなか
ろうか。

　このような推測が成り立つのは，マルクスが ΔG の中身を「商業利
潤＋消費された資本の補填」であると明らかにし，そのうえで，その
構成要素の一方である商業利潤のみを取り上げているからである。当
然，残った「消費された資本」はいつ取り上げるのか，それも論じなけ
れば商業資本の ΔG の分析は完了しないではないか，との疑問が生ぜ
ざるを得ない。マルクスは当然それに答えようとしていたと思われるの
である。

　エンゲルスのように，ΔG の中身を明らかにした文章を削除してし
まったのでは，回転と商業利潤の関係を扱った後で，回転と流通費用の
関係を扱うという流れが読み取れず，回転と流通費用はいっさい無関係
であるかのような印象が生じてしまうのである。

結びに代えて
──「無形資産論」の可能性──

　商業資本の回転を扱った叙述の最後に，マルクスは地代に触れている。すなわち，

　　「より速い回転の可能性を彼に与える諸条件が，たとえば販売所の位置のようなそれ自体買うことのできる諸条件であるならば，彼はそれにたいして特別の賃料を払うことができる。すなわち，彼の超過利潤の一部分は地代に転化される。」[23]（下線は筆者）

　しかし，超過利潤の原因は，「駅に近い」といった「販売所の位置」だけではなく，「品数が豊富で質がいい」，「店員が親切で感じがいい」などといった，商業労働の内容であることも多いであろう。そしてそれこそは，おそらく時間が許せばマルクスが書き加えたであろう「商業資本の回転運動」の「内実」であり，「回転と流通費用の関係」だったのではなかろうか。

　さらに，商業労働の内容が，一般的な社会的評価を受け，「信用」さらには「ブランド」として定着したならば，それは，地代を生む土地そのものと同様の「無形資産」となりうるのではなかろうか。ただし，こうした無形資産は，「販売所の位置」のような物理的実在ではなく，純粋に社会的な存在であり，人間の労働はいっさい加わっていない土地そのものとは違って，商業労働によって構築されたのではあるが。

　エンゲルスは，マルクスの草稿にあった，①「必要労働」としての「商業労働」，② 商業利潤から支払われる商業可変資本，③ 商業資本の超過利潤から支払われる商業可変資本，④商業資本の回転運動の「内実」としての，「流通費用と回転の関係」といった諸契機をことごとく消去してしまったが，① ～ ④ の流れが残っていれば，上で述べたような「無形資産論」も生まれていたのではないかと，私には思われてならない。

注

1）谷川宗隆『愛媛法学会雑誌』第 7 巻第 1 号，6〜7 ページ。

2）八柳良次郎「新メガ『資本論』第三巻草稿の研究　第四篇」『経済』1997 年 3 月，150 ページ。

3）『資本論 9』ディーツ版，S.300，資本論翻訳委員会訳，新日本出版社，1987 年 3 月，490 ページ。

4）KARL MARX, *DAS KAPITAL* DIETS VERLAG BERLIN 1966, S. 300.

5）KARL MARX, *ÖKONOMISCHE MANUSKRIPTE 1863-1867,* DIETZ VERLAG BERLIN 1992, *MEGA* II 4-2, S.363.

6）『マルクス資本論草稿集 8』大月書店，1984 年 11 月，61 ページ。

7）ディーツ版，SS. 302-3，上掲『資本論 9』494 ページ。

8）上掲，*MEGA* II 4-2, SS. 365-6.

9）S. 436,『資本論草稿集 2』大月書店，1993 年 3 月，215 ページ。

10）SS. 437-8，216 ページ。

11）S. 445，230〜231 ページ。

12）SS. 306-7,『資本論 9』500 ページ。

13）S. 307，501 ページ。

14）*MEGA* II 4-2，SS. 369-370.

15）同上，S. 370.

16）現行エンゲルス編集ディーツ版，SS. 301-2.

17）現行エンゲルス編集ディーツ版，S. 309,『資本論 9』505 ページ。

18）*MEGA* II 4-2, S.372.

19）『資本論草稿集 8』S. 1580，62 ページ。

20）同上，S. 1690，231 ページ。

21）エンゲルス編集ディーツ版，S.314,『資本論 9』513 ページ。

22）*MEGA* II，4-2，S.376。

23）現行エンゲルス編集ディーツ版，S. 326,『資本論 9』531 ページ。

第8章　絶対地代と価値法則
——集計方法の相違による価値と生産価格の区別に関連して——

拙論の要点
　マルクスの絶対地代論は，地代（従属変数）が，それを払えるだけの経営規模を要請することによって土地分割（独立変数）を規定するとした点にポイントがある。

「補強」の論理
　従属変数から独立変数への逆規定。

第8章　絶対地代と価値法則
──集計方法の相違による価値と生産価格の区別に
関連して──

はじめに ──課題の限定──

　マルクスの絶対地代論が，大内力氏など主導的なマルクス経済学者か
ら重大な難点をもつものと指摘されて以来すでに久しい[1]。そのさいに
最大の難点とされたのは，「絶対地代の最高限を画するものが農産物の
価値だということがどうしていえるのか，またいう必要があるのかとい
う点」[2]であった。

　興味深いことは，最近根岸隆氏によって近代経済学の立場から，全体
としてほぼ同主旨の批判がなされていることである[3]。

　このように今日までマルクス経済学の内外から絶対地代論批判の声
が絶えないのは，「価値を上限とする」という絶対地代論の論理構造そ
のものが，価値と生産価格の関連というきわめて鋭い理論的対立を含ん
でいる問題と不可分の関係にあり，いわば価値論そのものに対する理解
の仕方と直接的な関連を有しているためだと思われる。

　大内力氏は，「価値はむしろより抽象的な，より基本的な規定として，
生産価格の背後にあるだけであり，それが絶対地代の計算の基礎にす
えられるのは論理的にいって不斉合ではないかと思われる」[4]とのべ，
マルクスが価値論の論理次元の抽象性を無視しているという批判を背
景においているし，根岸隆氏においては，価値と生産価格の二分法そ
のものに対する強烈な批判意識が背後にあるといってよいであろう[5]。

　筆者が本稿で絶対地代を論じようと試みる理由もまた，それが，価値
と生産価格との関連に対する筆者の理解の仕方と深く関連し，筆者なり
の価値論全体の構図を確定していく上で不可欠の問題領域をなしてい
るためである。ただし，後にのべるように筆者の結論は大内氏とは逆で

ある。

　ここでいささか結論を先取りしていえば，筆者の立場は，価値と生産価格の次元の相違を集計方法（積分方法といってもよい）の相違とみ，その観点から絶対地代論を再検討すれば，これまで難点とされてきたものもそれなりに整合的に理解しうるというものである。

　以下，その筆者の主張を順をおって展開していくことにしたいが，そのさい絶対地代をめぐるすべての問題群を扱うことは，当然のことながら，できないということをあらかじめお断りしておかねばならない。農業の有機的構成と回転をめぐる問題，優等地の絶対地代の問題，絶対地代と差額地代の関連をめぐる問題などにはほとんどふれられなかった。本稿での主題は，もっぱら「絶対地代の上限が価値であるのは何故か」という点に集中している。けだし，やはりこの点こそが絶対地代と価値法則の関連の理解をめぐる決定的分岐点に他ならないからである。

　ところで，この上限が価値であるのは何故かという問題は，論理的に３段階に分かれて構成されているということができる。すなわち，①無地代の不貸与地をめぐる地主間の競争の問題，②独占地代と絶対地代の区別の問題，③絶対地代論に価値概念が登場しなくてはならぬ必然性の問題の３段階である。これらは相互に密接に関連しているが，あらかじめ分けて論じた方がわかりやすく，またマルクスを批判する論者の主張も大きくこの３つに分けて考えることができるので以下この段階区分にそって論をすすめることとしたい。そこでまずマルクスの絶対地代論を批判する論者の主張が，大きくこの３段階に分けられることを確認することから始めよう。

第1節　マルクスの絶対地代論に対する批判
——ボルトキェヴィッチ，大内力，日高普，根岸隆諸氏の 批判について——

　マルクスの絶対地代論に対する批判の原型は，根岸氏も指摘しているように，すでにボルトキェヴィッチにあるといってよい。

第 8 章　絶対地代と価値法則　**205**

ボルトキェヴィッチもやはり何故，絶対地代の上限が価値なのかという点に疑問を呈する。

「『価値』と『生産価格』との対差は何故に絶対地代に対して規準を与えねばならぬのか？」[6]

「マルクスの意味に於ける『価値』に対し，此場合には障壁として作用する性能を与うるものは将して何物であるか？　何故土地所有者の権力が正に此点に迄だけ到達する力があるのか？」[7]

この問題提起は本稿の主題そのものといってもよいが，あえて先程の3つの区分にあてはめれば，③ の論点にあたるといえよう。さらにこれと深くかかわらせつつ，ボルトキェヴィッチは ② の論点にあたる疑問を提起する。「……土地生産物の価格が資本家的価格形成の一般的規律以下に下ることに反抗し，自己に有利なるが如く此規律よりの歪曲を強制する力を土地所有の有つことによって，土地生産物の市場価格がその『価値』以上に騰貴することが条件づけらるべき場合に，何故此騰貴が行われ得ないかということをそれは度外視すべきではないからである。」[8]

いいまわしがわかりにくいが，ボルトキェヴィッチがいわんとしていることは，『価値』以上の騰貴が何故行なわれないのかということであり，独占地代と絶対地代を分かつ明確な根拠が与えられていないのではないかということである。彼は，こうした疑問に対して，「マルクスは立証の痕跡だもこれを将来していない」[9] と批判している。

次いで，ボルトキェヴィッチは，① の論点にふれ次のように主張する。

「強制によってその所有に属する地所を只で資本に委せられはしない土地所有者の権力的地位を指摘することから出て来るのは，土地所有者が地代を要求しうるということだけに止まるであろう。だが問題は彼が地代を強取しうるかということである。換言すれば彼が要求した結果は，借地農を見出すことを得ずして其土地が耕作されずにいるということになるのではないかということである。」[10]

「土地所有者は，意地悪さから，支払い得ないような，換言すれば与えられた市場情勢に照応しないような地代の要求を出しはしないであろうということを考慮すべきである。実際そうすれば彼等は自己自身の利害に反するようなことをすることになるのであろう。……土地所有者は何もないよりは1ヘクタール当り2マークを得ることをよしとするであろう。」[11]

ここでのボルトキェヴィッチの主張の要点は絶局最後の一文，すなわち「土地所有者は何もないよりは……」わずかでも「……得ることをよしとする」という点であろう。以上，順序は逆であるが，ボルトキェヴィッチが先に筆者があげた3つの論点をすべて先取り的に主張していたことが明らかとなったと思われる。大内，日高，根岸3氏の主張も，より明快かつ精緻であるが，基本的にはこのボルトキェヴィッチの主張の延長上にあるといってよい。

ここでは筆者がとりわけて明快と思われる①に関する日高氏の文章と，根岸氏の文章，②，③にまたがっての，大内氏の文章と日高氏の文章をとりあげるにとどめたい。

まず①について。

「問題の真の困難は次の2つの命題がどちらも真実であることからうまれる。一，絶対地代を生じさせるような土地所有者の力は耕作を許さないことだけによって発揮される。二，絶対地代を手に入れるためには耕作を許さなければならない」[12]

「彼（マルクス－筆者）が意味していることも，全地主が結合して地代総額の最大化をはかるということではないことはあきらかである。したがって絶対地代が存在して農産物の価格が生産価格を超えるとき，個々の地主にとって，さらに多くの土地の上への投資を資本家に許さない理由はないはずである。しかし，そのように個々の地主が資本家をしてより多く投資させる結果，農産物の価格は下落して絶対地代は減少する。このプロセスは絶対地代がなくなるまで続くことになる。」[13]

②，③について

「絶対地代の最高限が価値で画されるかどうかも問う必要はない。むしろ，絶対地代は本質的には土地所有の独占によって，農産物の生産価格以上に市場価格が引き上げられることから生ずるのであるが，ただこの土地所有の独占はけっして絶対的なものではなく，優等地の追加投資とより低い劣等地の耕作圏への導入と，この2つの条件のゆるす範囲内であらわれる独占にすぎない」[14]

「絶対地代は農産物の価値と生産価格の差から支払われるという考え，価値というクギリが何か力をもっているかのような考えは価値法則についての幼稚な誤解にもとづくものにほかならない」[15]

「絶対地代の上限は既耕地の追加投資によって与えられる」[16]

以上，論者によって多少のニュアンスの相違があるが，①，②，③それぞれについての批判点を最大公約数的にまとめるならば，以下のようになるであろう。

① タダでは貸さないという地主の要求は貸さなければ地代は得られないという事実と矛盾せざるをえず，競争原理が充分に機能したとすれば原理上絶対地代は消滅せざるをえない。

② それでも存在する地代は事実上独占地代であり，絶対地代と原理的に区別することはできない。

③ 従って仮に絶対地代のようなものが独占地代の一種として存在するとしてもその上限が価値でなければならない理由は何もない。

①，②，③ それぞれにかかわる以上のような批判に対し，どのような反批判が考えうるであろうか。むろん，これまで反批判の試みがなされてこなかったわけではない，しかしそれは，『資本論』の叙述のオウム返しといわざるをえないものがほとんどであり，批判者の論理に内在した上でのものであったとはいい難い[17]。というのも後述するように批判者の絶対地代論の前提にある地代の集計の方法は，マルクスのそれとは異っているということができ，その点に対する指摘がない限り，両者はあくまで平行線に終わらざるをえないと思われるからである。以下，マルクスの地代の集計方法について考察し，その上で，上の3つの論点につき，それぞれ反批判を加えてゆくことにしたい。

第2節　2つの集計方法
——リーマン積分とルベーグ積分——

　マルクスの集計方法の特徴とはいっても絶対地代論の中に明快な形で説かれているわけではない。従ってヒントにあたるものを若干無理をして一般化をはかるしかないと思われる。もっともルベーグが彼の画期的な積分論を発表したのは 20 世紀の初頭であるので，多少とも後知恵的な解釈をすることになる以上，それはやむをえないことであろう。

　そのようにみた場合，ヒントになると思われる箇所は 2 つ程あるようである。

　1つは，マルクスが地代を支払わないでも土地への投資が行なわれている場合の例として複合地のケースをあげているところである。そこで彼は次のようにのべている。

　　「1つの賃貸地をなしている複合地のなかには，市場価格の与えられた高さでは地代を支払わない，したがって事実上はただで貸されている個々の地片もあるかもしれないが，土地所有者からはそうは見られない。というのは，彼の眼中にあるのは，貸した土地の総地代であって，その土地の個々の構成部分の特殊な地代ではないからである。」[18]

　ここで何よりも注目しておかなくてはならないのは，地主にとっては，地代は個々の借地農業者の経営単位ごとに総額として収取されるものと観念されているということである。従ってそうした経営単位の問題を抜きにした単なる自然的な意味での片っ端からの土地分割はそれだけでは経済学的には意味がないということになるであろう。

　いいかえると，地主にとって経済的に意味のある土地分割とは，単なる自然的分割ではなく，地代を媒介として借地農業者という経営単位ごとになされるべきものなのである。

　もう1つは，絶対地代形成のメカニズムを説いている部分で，マルクスが，「この場合には生産物の騰貴が地代の原因ではなくて，地代が生

産物の騰貴の原因である」とのべていることである[19]。

　ここでマルクスがいっているのは，スミスのいわゆる構成価値説のような論理ではないと思われる。それであればわざわざマルクスが自らの価値概念を引き出した意味がないであろう。むしろここでマルクスが注目しているのは価値ではなく価格であり，それを左右する数量の方であろう。

　すなわち生産物の需要量の増大とそれによる価格騰貴が地代の原因なのではなく，生産物の供給量の制限が地代の存在の結果として生じているということである。

　このマルクスの論理が，通常の独占価格の論理と異るのは，地主が直接に生産数量を操作しているのではないという点である。そうではなくて，あくまで地代を媒介にして間接的に生産数量に影響を与えている点に特徴がある。

　以上，2つの文言をヒントに，絶対地代論におけるマルクスの集計方法の特徴をまとめてみると次のようになろう。

　① 地主にとって問題なのは経営単位ごとの総地代であり個々の地片の特殊な地代ではない。

　② 絶対地代においては，直接に生産数量を操作するのではなく，地代を媒介にして間接的に操作するにすぎない。

　問題はこの2つの特質を結びつける考え方があるかどうかということである。筆者はあると考える。それこそが，ルベーグ積分の方法に他ならない。

　およそ，経済学にとってルベーグ積分はなじみの薄い数学である（ごく最近，不確実性の問題をとり扱うにあたっての確率論の応用に伴って測度論が論じられることがあるが，未だそれは基礎理論をゆるがすところまでは至っていないように思われる[20]）。

　これは必らずしも経済学で扱う数学が理科系で扱うそれとくらべて幼稚だということが理由なのではなく，むしろ多分に思想的な理由によるところが大きいように思われる。

　ルベーグにおいてひとまず完結する新しい解析学の流れはボレルに

始まるといってよいが，このボレル，ベールを経てルベーグに至る，主としてフランスに展開した解析学の流れはフランス経験主義とよばれている。それは創始者ボレルが自らの解析学を「関数の病理学（pathologie des fonctions）」と名づけたことからもわかるように，数学にとって重要なことは，病理的にみえる事実でもありのままに記述することであると考えた。そうした考えが，ギリシャ的な秩序を思わせる事実を選択しようとするローマン主義的な数学観とは鋭く対立するものであったことはいうまでもない。この数学における経験主義は，19世紀にフランスに出現した実証主義の影響するところが大きいといわれている（それは文学の世界では自然主義となって現われ，ゾラの『居酒屋』，『ナナ』のような，社会の裏面，人間の欲望等を積極的にとりあげた作品が刊行されたのであった）[21]。

　こうしたギリシャ的な調和の美とは程遠い数学上の事実をありのままに直視してゆこうとする経験主義的数学思潮が，ワルラスやその後の新古典派の経済学者の抱く数学のイメージとは極めて異るものだったことは，充分推測しうる所である。そうした思想的，心理的違和感こそが，発見されて一世紀近くなるにもかかわらず，ルベーグ積分に対し，経済学者がほとんど一顧だもしないもっとも大きな理由だと思われるのである。

　そもそもこのような心理的抵抗感ないし，認識論的障害があれば，ルベーグ積分が役に立つか否かが問われずにきたとしても不思議はない。

　本稿は，そうした心理的抵抗感や違和感をとり除きさえすれば，ルベーグ積分論が経済学に多いに役立つことを論証したいと考えている。しかもそれはいわゆる経済学の応用分野についてではなく基礎理論の分野についてであり，価値論次元と生産価格論次元の区別というきわめてクリティカルな論争点における応用である。そこでまず。リーマン積分とルベーグ積分の相違を明らかにし，その上で経済学への応用（とりわけここでは絶対地代論における集計方法の特徴づけへの応用）を試みることにしたい。

第 8 章　絶対地代と価値法則　　**211**

リーマン積分とはほぼ高校までで学習する通常の定積分のことだといってよい。まず区間 〔a, b〕を小閉区間に分割する。

つぎに　$x_i-1 \leqq \xi i \leqq x_i \ (i=1, 2 \ldots\ldots n)$

とし，　$S_\varDelta = \displaystyle\sum_{i=1}^{n} f(\xi i)(x_i - x_{i-1})$

とおいて

$S_\varDelta$ を分割 $\varDelta$ による $f(x)$ の近似和と名づける。

こうした上で

$$P_\varDelta = \max \left\{ x_1 - x_0, x_2 - x_i, \cdots\cdots x_i - x_{1-1}, \cdots\cdots x_n - x_{n-1} \right\}$$

とおき，$P_\varDelta$ を 0 に近づけてみる。つまり分割 $\varDelta$ をだんだんこまかくするのである。するとこれにともない，$S_\varDelta$ は一定値に近づくことが知られている。その一定値を I であらわせば，　$S_\varDelta \to I$　となり，それを積分とよぶのである。

　分割されるのがあくまで独立変数 x の区間 〔a, b〕であることに注意していただきたい。ではこれに対して，ルベーグ積分とはどのようなものであろうか。

　Lebesgue（ルベーグ）は，いわば横軸（x 軸）での分点分割ともいうべき 〔a, b〕の分点分割のかわりに，縦軸（y 軸）における分点分割から出発する。

　かんたんのため，$f(x)$ が 〔a, b〕で有界である場合，すなわち

$I \leqq f(x) < L$

なる定数 I, L がある場合を考える。まず，

$I = y_0 < y_1 < y_2 \cdots\cdots y_{i-1} < y_1 < \cdots\cdots y_{n-1} < y_n = L$

として,

$$y_{i-1} \leqq f(x) < y_i \quad (i=1, 2, \cdots\cdots n)$$

であるような〔a, b〕の点 x の全体を A_i で表わすことにする。

いま A_i の長さを $m(A_i)$ で表わし,また

$y_i - 1 \leqq \mu_i < y_i$ なる任意の μ_i をとって≪近似和≫

$$S = \sum_{i=1}^{n} \mu_i m(A_i)$$

をつくる。

$max\ |\ y_1 - y_0, y_2 - y_1, \cdots\cdots y_n - y_{n-1}\ | \to 0$ ならしめるとき,もしこ
こに一定数 I があって,$S \to I$ であるならば,

$$I = (L)\int_a^b f(x)\, dx$$

とおこうというのが,Lebesgue の定義である。

ここで $m(A_i)$ は点集合 A_i の長さを表わすのであるが,一般に A_i は
区間のような簡単な点集合ではなくなることが多い。その場合,区間で
ないような点集合の長さ(測度)とは何を意味するかが重要な問題とな
り,それがいわゆる測度論の課題となる。

いずれにせよ,みられるように,ルベーグ積分の特徴は,リーマン積
分における x 軸の分割を y 軸の分割におきかえたところにあるのであ
る。もちろんルベーグ積分の場合も点集合,$A_1, A_2, \cdots\cdots A_n$ をよせ集め
ると,ちょうど〔a, b〕になる。よってこれも実は〔a, b〕の分割の一種
であると考えられる。ただし,y 軸上閉区間〔l, L〕の分点分割を仲介
とした新規な分割である[22]。

さて,以上説明してきたようなルベーグ積分とリーマン積分との相違
は,絶対地代論の解明とどのように関連するであろうか。

すでに部分的にのべてきたところから類推されるとおり,筆者の考え
は,絶対地代の総計方法はリーマン積分ではなく,ルベーグ積分に依っ
ているというものである。ヒントとして提示した先程のマルクスの2つ
の文言にたちもどって考えてみよう。

第 8 章　絶対地代と価値法則　**213**

　まず，① 地主にとって問題なのは経営単位ごとの総地代であり，個々の地片の特殊な地代ではない，とすると，単純に個々の地片の特殊な地代を足し合わせて地代総額が計算されるのではないということになる。これは本来リーマン積分とはうまくそぐわない。というのもリーマン積分とは，個々の地片への分割がまず基礎にあり，それぞれの特殊な地代を地片の面積に乗じたうえで足し合わせる方法に他ならないからである。

　しかしルベーグ積分によれば，これは必らずしも無理な主張ではない。というのもルベーグ積分においては，地代の分割を媒介にして，土地の個々の地片への分割がなされるのであり，従って集計の単位は個々の地片ではなくある水準の地代を生じる経営単位の支配している地片の集合だからである。むろん地代の分割を細かくしてゆくのに応じて，その集合も小さくはなるが，そうだとしてもその集合の元は，個々の経営単位によって支配されている地片であって，自然的な地片である必要はないのである。

　こうしたとらえ方のメリットは，何といっても，土地所有者およびその経済的具体化としての地代と，土地分割との間に，経営単位（＝借地農業者）という要因が自然な形で入ってくることである。このことは資本制的生産に土地所有が包摂されていった場合，土地所有者の地代収取は借地農業者を通して間接的になされる他ないということの自然な表現でもある。無地代の土地も借地農業者の移動の条件を考えなければ地主は貸せないのである。

　以上のことからこのマルクスの文言は，ルベーグ積分の方法に立っていると解釈すればとりあえず無理なく理解しうることが明らかになったと思われる。では次に，② 絶対地代では生産数量を地代を媒介にして間接的に操作するという論理を考えてみよう。

　生産数量を制限するという場合，ここで問題になっているような土地生産物においては事実上，耕作貸与地の制限を意味していると考えることができる。従ってここでも土地分割のあり方が問題になっているということができよう。上の文言をいいかえれば，貸与地と不貸与地を分割

する規準をどこに求めるかが絶対地代では地代を媒介として間接的になされているということになろう。

これはもはや，先程のべたルベーグ積分の方法そのものである。土地分割を従属変数である地代の分割を媒介にしておこなうことこそルベーグ積分の方法的特質に他ならない。土地分割を直接におこなうリーマン積分の方法では，貸与地と不貸与地の分割も直接的になされるものとイメージせざるをえず，従ってそれは通常の独占と本質的に変わらないものとみなされざるをえなくなるのである。

以上，②の文言においてもルベーグ積分の方法による解釈が，きわめて適切な理解をもたらしうることが明らかになったといえるのではなかろうか。

こうした，ルベーグ積分の集計方法による新解釈をふまえてみると第1節で整理したマルクス批判の論理はどのようにみえてくるであろうか。次節でこれを3つの論理段階に則して順を追って明らかにすると共に同時にそれらに対する反批判をおこなうこととしたい。

第3節　集計方法の相違に基づく反批判

1　無地代の不貸与地をめぐる地主間の競争

この論点におけるマルクス批判の論理は次のようなものであった。すなわち，「タダでは貸さないという地主の要求は貸さなければ地代は得られないという事実と矛盾せざるをえず，競争原理が充分に機能したとすれば原理上絶対地代は消滅せざるをえない。」

これは端的にいってしまえば，地主同士のカルテルのようなものが前提されていない以上は，地主の個別利害によるいわゆる抜けがけを排除しえないということである。

これに対してとりあえずすぐにも可能な反批判は，地主の個別利害の尺度となっているのは総地代であって不貸与の一地片に限定されているわけではないというものである。

第8章　絶対地代と価値法則　**215**

　だがこれだけでは反批判としては決して充分ではない。というのも次のような再批判が予想されうるからである。

　「もちろん総地代が問題なのは当然のことであるが，そうだとしても無地代の不貸与地が有地代の貸与地に変わることが総地代にとっても重要でないわけではない。結果的に生産物の価格が下がり地代が減るとしてもそれは個々の地主の意図とは無関係であり，競争原理そのものを排除しうるわけではない」と。

　つまり地主の側の意識としては，結果として生産物の価格がどうなるかは問題ではなく，無地代の土地が，有地代に変わることが一時的にせよ何にせよ，地代の増加を意味するというわけである。だが果たしてそうであろうか。

　ここでルベーグ積分の論理を想い起こして考えてみたい。上の文章で地主の側の論理とされているものの前提には，やはりリーマン積分の方法が横たわっていると思われる。というのも無地代の不貸与地と，有地代の貸与地との土地分割は，その後，無地代の土地が有地代に変わっても変化しないと考えられているからである。

　しかしルベーグ積分の方法ではこうはならない。土地分割が地代の分割を媒介としてなされるのだからである。従ってルベーグ積分の方法では，無地代の土地が有地代に変わったということは，その土地の集計単位グループへの所属が変化したことを意味するのである。それは逆にいえば各集計単位グループへの土地分割そのものが変化した事になる。従ってリーマン積分の方法に立った場合のように，有地代＋有地代は有地代＋無地代より大きいという単純なことはいえない。始めに土地を有地代と無地代に分けた土地分割自体が次にはもはやなり立っていないからである。

　最終的に総地代が増加するかどうかは，他の土地地片の集計単位グループへの所属の変化如何によるであろう。それは地主の個別利害の関心からはずれているどころではなく，その個別利害の関心そのものである。

　くり返しになるがマルクス批判者の誤りは，地主の意識において初発

の土地分割が不変のままにとどまると想定したことである。土地分割そのものが変化し，無地代だった土地の集計単位グループへの所属自体が変化するとすれば，変化した土地分割を無視して総地代を論じえない以上，総地代が増大するだろうとの個々の地主の予測自体現実的なものではないことになるであろう。

第一の論点については上のような形での反批判が可能であると思われるのである（この土地の所属の変化は，事実上借地農業者の移動を伴っていることに注意されたい）。

2 独占地代と絶対地代の区別

この論点についての従来のマルクス擁護派の反批判の論理はたとえば次のような文章に代表させうる。

「もし農産物がその価値以上に販売せらるならば発生する地代（農産物の独占価格と価値との差額）は純然たる独占地代であって，これは他の産業部面からの労賃及び利潤の控除によって，形成せらるるものに外ならない。従って農業上に於ける余剰価値の一部であって，それが地代に転化して，地主によって占取せられる絶対地代，並に一般的に市場を調節する所の生産価格の下に行わるる農業余剰価値の地代化せる差益地代の2つの地代形態のみが正規の地代形態であって，これ以外の地代はただ真実の独占価格に立脚し得るのみである。」[23]

引用したのは戦前の論文であるが戦後になってもこうした立場の論者の主張に大きな変化があったようには思われない[24]。こうした議論で考案に値するのは，独占地代が他の産業部面からの労賃及び利潤の控除であるのに対し，絶対地代はそうではないという主張である。しかし他の産業からの労賃，利潤の控除であることはどのようにすれば確認できるのであろうか。農業の労賃や利潤より工業のそれの方が低くなるとでもいうのであろうか。おそらくこうした主張をする論者の場合，差額地代の源泉については生産説をとっていると思われる。というのももし流通説をとって差額地代の源泉も他の産業の収入からの控除であるとすれば，八木氏の論法では差額地代と独占地代は変わらないことになって

第8章　絶対地代と価値法則　**217**

しまい，差額地代は正規の地代形態だとの主張と矛盾するからである。しかしそうなると結局は差額地代の源泉，すなわち虚偽の社会的価値をめぐる問題の理解にゲタをあずけたかっこうになってしまい，絶対地代論自体としては何も明らかにならないことになってしまうのである。

　では，独占地代と絶対地代の区別はどこにおかれるべきか。

　筆者の考えでは，それはすでに幾度か示唆したように，地代を媒介規準にして数量規制をおこなうか否かにある。

　どちらも土地独占を通して資本の参入を阻止し，生産数量の規制をおこなっていることに変わりはない。また独占地代においても生産を規制するにあたっては高地代を要求するといった地代を媒介に利用する方法をとるであろう。しかし独占地代の特徴は，その高地代は，生産規制の結果であって原因ではないことである。通常の独占にあっては，生産規制は直接になされるのであって高地代を要求するとしてもそれは手段にすぎず，地代が先行的な規準をなしているわけではないのである。ここでもリーマン積分とルベーグ積分の違いをあてはめて論じておこう。

　独占地代は基本的にリーマン積分で説明可能である。すなわち，生産制限を具体的に表わしているところの貸与地と不貸与地との間の土地分割が論理的に先行しているのであり，地代水準はその結果として生じている。

　これに対して絶対地代の場合は，貸与地と不貸与地への土地分割が，地代を媒介規準として間接的になされるというルベーグ積分の方法によっているのである。

　では，何故絶対地代においては，独占地代と違って地代を媒介に間接的に土地分割がなされるのであろうか。

　それは結局のところ絶対地代が完全な独占ではなく，資本の自由な移動を原則としては許容し，平均利潤範疇の成立を前提とした上での部分的な独占によるものだからだと思われる。すなわち地代である以上，絶対地代といえどもいったんは借地農業者の手中で超過利潤として現われるのであり，利潤範疇そのものの成立と超過利潤を超過利潤と判定

する規準としての平均利潤範疇の成立とそれを可能にする平均規模の経営体による土地分割をそもそも前提としているのである。

ただし，平均利潤をめぐる競争においては空間的な差異が消え去り，時間軸のみが重要になってくるのに対し，超過利潤をめぐる競争ではその関係が逆になるという違いがある。

問題はこの空間軸と時間軸の関係が非対称だというところにある。いかに土地所有が資本の参入を阻止しうるとはいえ，貸与地においては，資本はりっぱに平均利潤を実現しているのであり，その意味では絶対地代といえども平均利潤を前提した超過利潤の一形態にすぎず，根本的には平均利潤範疇の規制下にあるものといわねばならないのである。ところが先程ものべたように利潤は一般的利潤率への均等化傾向を通して，空間軸を事実上消滅させ，時間軸のみに依存してゆこうとする傾向をもつ。ここでは期首と期末との間の期間という時間軸の方が第一義的な重要性をもっている[25]。そしてこの利潤の概念は後にもう一度詳しくふれるように，明らかにリーマン積分の方法にのっとっているのである。

土地所有は，いわば，利潤のもつ時間軸の優位という非対称性と共存せざるをえない。同時に土地生産の特性上，空間軸に重要な意義を付与せざるをえない。しかも時間軸についてはリーマン積分の論理にのっとって計算がなされなければならない。

こうした問題群の唯一の解決形態は，空間軸についてはルベーク積分に従わせることである。何となれば，図2とすることで，時間軸を第一義におくという非対称性を保存しうるからである（空間軸もリーマン積分にしてしまえば，両者は対等にならざるをえない）。

これこそは，絶対地代論（もしくは地代論全体）においてルベーグ積分の論理が支配し地代の分割が土地の分割に先行せざるをえない，窮極的な根拠である。

図2

第8章 絶対地代と価値法則 **219**

　次に最後の問題である価値概念の登場の必然性について，論じること
にしよう。

3　絶対地代論において価値概念が登場する必然性

　絶対地代に価値が登場してくるのは，絶対地代が資本の参入を阻止す
ることによって利潤ではなく剰余価値が現われるからというだけでは
充分ではない。先にも述べたように絶対地代といえども，高い個別利潤
からの移転に他ならないということができるのであり，（というのも生
産を直接掌握しているのはやはり資本だからである），また何よりも地
代という概念自体，利潤概念と同様に，期間計算を前提し，いわゆる剰
余価値概念とはその点でやはり異るからである。

　では絶対地代論において価値が登場するのは何故であろうか。

　筆者の答えは，それがルベーグ積分の集計方法に基づいているためで
ある。もちろんそれは，先にも述べたように空間軸に限定され，時間軸
については利潤範疇の存在によってリーマン積分に従っているのであ
るが。

　しかしこの点を説明するためにはどうしてもある程度，価値論の次元
と生産価格論の次元との相違についての筆者なりの理解を披瀝する必
要があろう。

　そもそも価値と生産価格，剰余価値と利潤が総計一致命題で結びつけ
られている以上，両者の違いが集計方法の違いとして現われていると考
えることはすこぶる自然だと思われるのであるが，前述したような理由
でルベーグ積分が忌避されてきた結果，これまでそのような考え方はほ
とんど存在してこなかった[26]。

　たが，この対応関係はそれぞれの中身に立ち入ってあてはめてみれば
みる程，自然に思われてくるものである。

　まず，利潤概念がリーマン積分に依っているということは，ごく理解
しやすいところかと思われる。利潤ないし，利潤率にとっては期間が重
要なものであり，利潤率が均等化されてゆけば最終的に投資部面に依ら
ない。しかもその期間概念は連続的で無差別なものであり，期間内にど

図3

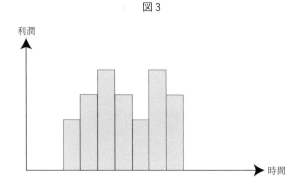

図4

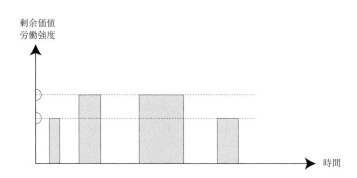

のような生産と流通の過程が存在したのかについては結果たる利潤の発生にとってはどうでもよいことである。それはあたかも時間そのものが利潤をうみ出しているかのようである（図3）。

　これに対して剰余価値の場合，それはある労働強度をもった何人かの労働者が何時間労働したかに依存している。（剰余価値率を一定とすれば）これは夜と昼の区別といった時間帯の複雑さを伴うからリーマン積分よりもルベーグ積分の方がはるかに適切なのである（図4）。

第8章　絶対地代と価値法則　**221**

　『資本論』の一，二巻と三巻の関連を考える場合においては，時間軸が中心にならざるをえないが，それは，利潤概念が時間軸を第一義におくという非対称性を有しているためである。しかし，価値論の論理次元でも，空間軸が無視されているわけではない。むしろ時間軸と空間軸とがきわめて対称的な関係にあるところに価値論の論理次元の特徴があるといってよいのである。

　それは実はルベーグ積分の特徴でもあるのである。というのもルベーグ積分では従属変数の分割が先行するため，独立変数たる空間と時間はともに対等だからである。これに対してリーマン積分では，独立変数の分割が基礎だから，空間か時間かのどちらかを選択しなくてはならない。

　いずれにせよ，以上の論述を前提すれば，ルベーグ積分の集計方法にふさわしい集計単位を価値，リーマン積分に対応したそれを生産価格とよぶことはそれ程，不自然ではないのではなかろうか。

　筆者にはそのように考えることによってのみ絶対地代論では価値が登場せざるをえない理由を無理なく説明しうると思われるのである。

ま と め

　これまでの考察をふまえて，ボルトキェヴィッチ以来の絶対地代論批判に対する筆者の反批判の要点を最後にまとめてみたい。

　まず，しつこいようだが，いま一度マルクスの絶対地代論を批判する論者の中心的な論理を提示しよう。それは次のようなものであった。

① タダでは貸さないという地主の要求は貸さなければ地代は得られないという事実と矛盾せざるをえず，競争原理が充分に機能したとすれば原理上絶対地代は消滅せざるをえない。

② それでも存在する地代は事実上独占地代であり，絶対地代と原理的に区別することはできない。

③ 従って仮に絶対地代のようなものが独占地代の一種として存在するとしてもその上限が価値でなければならない理由は何もない。

次にこれらに対する反論をまとめて提示しておこう。それらの反論すべての基礎に、ルベーグ積分とリーマン積分との相違という分析手段が横たわっていることはいうまでもない。

まず、①についての反論。

①' 貸与していない無地代の土地を貸与することが、個々の地主にとって有利だとは限らないし、地主の行動原理としても当たらない。というのも地主にとっては総地代が問題だからであり、その総地代も地代を媒介にして土地をグループ分けし、その上で集計するものだからである。従って無地代の土地が有地代になるとしても、それはその土地の集計単位グループへの所属が変わったにすぎず、総地代が増大するかどうかは他の土地の所属の変化如何にかかっている。

②についての反論。

②' 絶対地代と独占地代との最大の違いは数量規制が、地代を媒介規準にして間接的になされるか、直接的になされるかの違いである。絶対地代において独占の行使が地代を媒介にせざるをえないのは、時間軸を第一義におくという利潤範疇からの地代範疇への規制が土地という空間軸の分割に先行せざるをえないからである。

③についての反論。

③' 地代は利潤同様、期間計算を前提し、時間軸については同じ論理次元に立っているが空間軸についてはそうではない。価値論の論理次元が登場してくるのは、個々の地主の地代の集計の仕方が、価値論次元での剰余価値の集計の仕方と基本において一致し、価値でなければその場合の計算の規準になりえないからである。

さて、本稿では、優等地の絶対地代の問題や、農業資本の回転と有機的構成の問題、また絶対地代と差額地代との関連の問題などをほとんど捨象した。それは絶対地代論の重要な構成部分としてそれぞれ独立に論じる必要があるであろう。しかし本稿のねらいはむしろ、絶対地代論が批判され続けた最大の理由であるところの価値法則との関係を明らか

第8章　絶対地代と価値法則　**223**

にし，絶対地代論を，価値論，生産価格論の構成上重要な一環として位置づけ直そうとするところにあった。

　筆者は，本稿ではじめて積分論をマルクス理論の解釈に適用したが，それは伏線としてはこれまでの筆者の生産価格論研究に常に存在していたものである。単なる突飛な思いつきと一蹴される向きもあろうが，この問題が経済理論上の結節点に触れていることはまちがいないのではなかろうか。その点に注意を促しつつ本稿をしめくくりたい。

注

1 ）大内〔8〕第五章，日高〔8〕Ⅳ章。また，絶対地代を「封建的思考様式が，資本主義社会になっても強く生き残り，差額地代とは別の地代範疇を残存させた」ものとみる阪本楠彦氏の議論なども基本的に批判的な立場からの議論であるといってよいであろう（阪本〔9〕80 ページ）。

　　なお絶対地代をめぐる論争史については有斐閣『資本論体系 第 7 巻 地代と収入』289 ～ 301 ページに飯島充男による簡にして要を得た整理がある。本稿はまた飯島氏の日高氏に対する批判に基本的に賛同するものである。

2 ）大内〔8〕177 ページ。

3 ）根岸〔7〕76 ～ 80 ページ。根岸氏が「絶対地代と独占地代の区別は定義の問題にすぎず，地代が…土地所有によって制限されている供給と需要の関係によるか否かの観点からはどうでもよいことである。」（根岸〔7〕78 ページ）としてボルトキェヴィッチや大内力氏の参照を求めているのは特徴的である。

4 ）〔8〕202 ～ 203 ページ。

5 ）根岸氏の場台，このマルクスの二分法への批判は頭からのイデオロギッシュな批判ではなく，あくまで科学的で合理的な判断に立った上でのそれであろうとしていることに，充分注意しなくてはならない。それは，「マルクスの二分法は価値と生産価格の理論の間では成功することが示される」（根岸〔7〕68 ページ）として，部分的に二分法の成り立ちうることを認めようとされているところからも明らかである。

6 ）ボルトキェヴィッチ〔1〕233 ページ。

7 ）ボルトキェヴィッチ〔1〕234 ページ。

8 ）同上，233 ～ 4 ページ。

9）同上，236 ページ。

10）同上，240 ページ。

11）同上，243 ページ。

12）日高〔2〕417 ページ。

13）根岸〔7〕80 ページ。

14）大内〔8〕197 ページ。

15）日高〔2〕，381 ページ。

16）同上，395 ページ。

17）この点で唯一の例外と考えるのは飯島充男氏の論稿である。ただ飯島氏
の場合も，絶対地代の成立根拠を「資本の洪水状態と，資本主義の発展に伴
う土地需要の増大とを背景にした土地市場の恒常的不均衡」に求める（飯島
〔3〕120 ～ 121 ページ）のはいかがなものであろうか。少なくともマルクス
本来の意図からすれば，あくまで絶対地代は均衡状態下で説明さるべきもの
だったのではあるまいか。

18）マルクス〔6〕966 ページ。

19）マルクス〔6〕979 ページ。

20）確率論にルベーグの測度論を応用したのはコルモゴロフである。彼の業績
は革命後まもないソビエト連邦に解析学のエゴロフやルージン，確率論のヒ
ンチンなどきわめて優秀な数学者がキラ星のように存在し，互いに刺激し
合っていたことと無関係ではないであろう。
　　ちなみに，ボルトキェヴィッチは，この公理的確率論の洗礼をついに受け
ることがなかったようである（以上の点については，井関，近藤〔5〕238 ～
244 ページを参照されたい）。

21）以上は，井関，近藤〔5〕171 ページにほぼ全面的に依らせていただいた。

22）以上の数学的部分はすべて，吉田洋一『ルベグ積分入門』1 章序説に依
らせていただいた。

23）八木〔11〕117 ページ。

24）飯島充男氏の論稿は（4）でものべたようにマルクス擁護の立場に立ちつ
つも土地市場という新たな観点を導入した点で独創的と目されるうるので
あるが，しかし土地市場についてとはいえ，需給の恒常的不均衡を絶対地代
の成立根拠にしたのでは，結局通常の独占で説明したにすぎないことになら
ないだろうか。筆者の考えでは独占地代と絶対地代との違いは後者が均衡化
する利潤率という概念を土地所有が排除しきれず期間という概念に第一義
的な意義を与えざるをえないという点にある。つまり資本の自由競争を制限

つきではあれ基本的に認めざるをえない点に絶対地代が独占地代たりえない根拠があるのであり，最終的に土地所有が資本の支配に服せざるをえないからこそ，独占地代ならぬ絶対地代が生じているのである。飯島氏においては逆に土地所有の資本に対する優位のみが強調されかつそれが絶対地代の根拠とされているが，いささか転倒しているのではあるまいか。

25）時間軸が第一義的な重要性をもつという論理構造は，平均的利潤率の概念を有するとともに，前貸資本という概念を同時に用いているイギリス古典派とそれをひきついだマルクスに共通している。しかしこうした論理は，ワルラス的な新古典派経済学には存在しない。むしろそこでは論理が逆であって，空間軸の方に第一義的な重要性が付与されているようである。というのも，時間軸の方については，均衡においては正常利潤は消滅することになっているからである。したがって期首と期末の区別もなくなり時間軸は消え去って，特別剰余価値のような空間的な差異のみが問題として残るのである。ワルラシアンが空間軸についてのリーマン積分を自然に考えうるのは，時間軸についてのリーマン積分を考える必要がないためである。時間軸と空間軸の双方を同時に対等にリーマン積分で扱うことはできない。

26）ほとんど唯一の例外として八木紀一郎氏の論稿，「マルクスにおける資本と時間」（八木〔10〕）をあげることができる。八木氏は事実上，筆者の集計方法の相違にあたるものを，緊張ないし矛盾とよんでいる。すなわち「価値の形成—移転過程は生産過程を通じて連続的におこなわれるのに，資本投下は一挙的におこなわれている」（八木〔10〕227ページ）その上で氏は並列的連続的生産についてライン数 n の場合の所要前貸資本を

$$\left(\frac{n+1}{2n} Tp + Tz_1 \right) Kz \quad$$ だとする。（Tp は生産期間，Tz_1 は流通機関，Kz

は流動資本フロー集計量）n を無限大とすれば，完全に連続的な生産となるがその場合には，前貸資本は

$$\left(\frac{Tp}{2} + Tz_1 \right)$$ となるわけである。

八木氏の論稿でも，生産期間の時間分割 $\left(\frac{Tp}{n} \right)$ から積分をおこなっていることから明らかなようにリーマン積分が用いられている。資本の回転の分析では，まずルベーグ積分を用いなければならないというのが筆者の考えである。

参考文献

〔1〕 Bortkiewictz, L. V., "Die Rodbertus'sche Grundrententheorie und die Marx'sche Lehre von der absoluten Grundrente,"

Zweiter Artikel, *Archiv für die Geschichte des Sozialismus und der Arbeiterbewegung*, 1（1911）pp. 389—434。(『マルクス地代論に関する二つの批判的研究』渡辺信一訳，日本評論社，1934 年)。

〔2〕 日高普『地代論研究』時潮社，1962 年。

〔3〕 飯島充男「土地所有の独占と絶対地代」『講座資本論の研究 第 4 巻』青木書店，1980 年，Ⅲ章。

〔4〕 同上「絶対地代をめぐる論争」『資本論体系 7 地代・収入』有斐閣，1984 年，289 ～ 301 ページ。

〔5〕 井関清志，近藤基吉『現代数学——成立と課題』日本評論社，1977 年。

〔6〕 *Karl Marx-Friedrich Engels Werke*, Band 25, Dielz Verlag, 1964 年，カール・マルクス『資本論』第 3 巻，大内兵衛，細川嘉六監訳，大月書店，1968 年第 2 分冊。

〔7〕 根岸隆『経済学における古典と現代理論』有斐閣，1985 年，第 5 章。

〔8〕 大内力『地代と土地所有』東京大学出版会，1958 年。

〔9〕 阪本楠彦『地代論講義』東京大学出版会，1978 年。

〔10〕 八木紀一郎「マルクスにおける資本と時間（Ⅰ）」『岡山大学経済学会雑誌 14—2』1982 年。

〔11〕 八木芳之助「マルクスの絶対地代と価値法則」『京都大学経済論叢』第 21 巻 1 号，1925 年。

〔12〕 吉田洋一『ルベグ積分入門』培風館，1965 年。

あ と が き

　本書の序文を読まれた方の中には，「どうしてここまで自分だけが正しく，他人はすべて間違っていると言い切れるのか。傲慢の極みではないか。」と，嫌悪感を覚える人もいるだろう。要するに，「何様のつもりだ」というわけである。

　あるいは，「同じテーマを追いかける研究上の同志を，片端から敵にしてしまう内ゲバ体質こそが，マルクス経済学を崩壊させたのではないのか。」と，怒りさえ感じる人もいるかもしれない。要するに，「価値論を崩壊させたのはお前自身だ」というわけである。

　私は，こうした感想を抱く人々がいても不思議ではないと考えている。ここでマルクスを引き合いに出すのはおこがましい限りなのだが，私自身が，『資本論』を最初に読んだときには，マルクスを「度し難く傲慢で，内ゲバ体質の男」だと考えたからである。

　しかし，『資本論』を読み進めるにつれて，この最初のマルクスの印象は誤解であるとわかってきた。1つには，的確な典拠による裏付けがあったことである。「いくら何でもこんなにひどくはないだろう」と思っても，注にある典拠をよく読むと，マルクスの表現さえ生ぬるいと感じるほど現実がひどいことがわかってくるのである。

　もう1つは，方法論の「堅牢さ」である。マルクスがはじめて経済学の方法論として用いた唯物論的弁証法は，それ自体の論理が堅牢であるがゆえに，他のすべての経済学者を批判するさいの究極の根拠たりえているのである。

　マルクスにあやかっていえば，私は，ぜひ，本書の序文の注をよく読んでいただきたいと思う。不十分かもしれないが，マルクス経済学の現実は，一般に流布しているイメージとは程遠いことがわかると思うのである。

　さらに，もう1つ，マルクスにあやかっていえば，私が，現代数学の

「自らの前提をも疑おうとする」部分，すなわち現代数学の「哲学的部分」を方法論の基礎に据えて，それを，他のすべての経済学者を批判するさいの究極の根拠としていることを，わかってもらえればと思う。

　思えば，最初に本書の第8章に相当する論文を書いてから，30年近い月日が流れた。怠慢のそしりは甘んじて受けるが，それでも，やっとここまで来れたという思いのほうが強い。あくまで大枠としてではあるが，本書を刊行することで，ようやく自分自身が納得できる価値論を示すことができたように思うのである。

　最後になるが，本書を，その30年以上前に，故米田康彦先生の計らいで，私が末筆を汚させていただいた『労働価値論とは何であったのか』と同じ，創風社から出させていただくことを何よりうれしく思う。社長の千田顕史さんには深く感謝したい。

2019年3月

土井　日出夫

初出一覧

第1章
「『使用価値一般』の捨象について」『エコノミア』第47巻第1号，1996年5月

第2章
「『還元問題』への一視角」，大石雄爾編『労働価値論の挑戦』大月書店，2000年2月，第2章。

第3章
「形態Ⅱから形態Ⅲへの移行について——「結合」＋｜逆転｜としての再解釈の試み——」『エコノミア』第49巻第2号，1998年8月。

第4章
「『商品は貨幣である』の解釈について」，『エコノミア』第45巻第4号，1995年3月。

第5章
「サービス業の販売対象について」，『エコノミア』第67巻第1，2号，2017年3月。

第6章
「転形問題と回転時間」，『エコノミア』第67巻第1，2号，2017年3月。

第7章　商業資本論に関するエンゲルスの「書き換え」について
　2018年度 経済理論学会大会報告（経済理論学会HPに掲載，2018

年9月）。

第8章
　「絶対地代と価値法則——集計方法の相違による価値と生産価格の区別に関連して」『山形大学紀要（社会科学）』第19巻第2号，1989年1月。

筆者略歴

土井 日出夫（どい ひでお）

1955年横浜市生まれ。横浜国立大学経済学部卒業，東京大学大学院第二種博士課程修了。経済学博士。現在，横浜国立大学経済学部教授。

著書に，「ドミトリエフーボルトキェヴィッチの継承関係」（米田康彦ほか『労働価値論とは何であったのか』創風社，1988年，第6章），『ニュートンとマルクス』幻冬舎，2018年などがある。

価値論の再建 ——第三次産業論構築のために——

2019年 4月 3日 第1版第1刷印刷	著 者　土 井　日 出 夫
2019年 4月10日 第1版第1刷発行	発行者　千 田　顯 史

〒113—0033 東京都文京区本郷4丁目17—2

発行所　(株)創風社　電話（03）3818—4161　FAX（03）3818—4173
　　　　　　　　振替 00120—1—129648
　　　　　　　http://www.soufusha.co.jp

落丁本 ・ 乱丁本はおとりかえいたします　　　印刷・製本　光陽メディア

ISBN978—4—88352—253—8